Sul Cammino della Libertà

Volume 2

Sul Cammino della Libertà

Un Pellegrinaggio in India

Volume 2

Swami Paramatmananda

Mata Amritanandamayi Center, San Ramon
California, Stati Uniti

Sul Cammino della Libertà
Un Pellegrinaggio in India – Volume 2
di Swami Paramatmananda

Pubblicato da
Mata Amritanandamayi Center
P.O. Box 613
San Ramon, CA 94583
Stati Uniti

———— *On the Road to Freedom Volume 2 (Italian)* ————

Prima edizione a cura del MA Center: agosto 2016

In Italia: www.amma-italia.it

In India:
inform@amritapuri.org
www.amritapuri.org

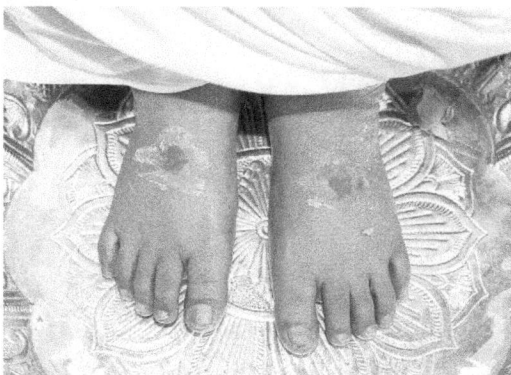

Questo libro è dedicato a quell'Essere Infinito
Che brilla in noi come Luce della Consapevolezza,
e fuori di noi sotto la forma della
Santissima Madre della Beatitudine,
Sri Mata Amritanandamayi

gurucaraṇāmbuja nirbhara bhaktaḥ
saṁsārād acirād bhava muktaḥ |
sendriya mānasa niyamād evaṁ
drakṣyasi nijahṛdayasthaṁ devam ||

Con piena devozione ai piedi di loto del Guru,
ti libererai presto dal ciclo trasmigratorio.
Così, attraverso la disciplina del controllo della mente
e dei sensi, vedrai la Divinità che risiede nel tuo cuore.

Bhaja Govindam V.31

Indice

Amma con Swami Paramatmananda – 1980

Introduzione

Sono passati quattordici anni da quando scrissi il primo volume di "Sul Cammino della Libertà", dietro suggerimento del mio Maestro spirituale, Amma, Mata Amritanandamayi. Si trattava di un resoconto personale degli sviluppi spirituali interiori e del viaggio esteriore che mi condussero all'incontro con lei. Il primo volume racconta di come iniziai a provare interesse per la vita spirituale sebbene conducessi un'esistenza completamente materialistica da adolescente americano; e di come ciò mi portò in Giappone, in Nepal ed infine in India. Trascorsi i primi undici anni in India in compagnia di diverse persone spiritualmente elevate, veri saggi e santi che avevano scalato le vette della spiritualità. Ma nel 1979, grazie al misterioso funzionamento della Grazia Divina, fui condotto da Amma, che apparteneva ad una categoria a sé: qui c'era una persona che aveva raggiunto l'unione permanente con Dio fin da giovanissima. Una cosa ancora più insolita era il suo totale sacrificio di sé, e l'uso che faceva del suo potere spirituale per alleviare le sofferenze di più persone possibili, liberandole inizialmente dai loro problemi materiali e conducendole infine alla realizzazione spirituale e alla beatitudine. E Amma aveva e ha il potere di fare questo. Per lei i numeri non sono un problema. L'ho vista rimanere seduta per dodici ore filate e benedire venticinquemila persone ad una ad una. La cosa più incredibile è che ognuna di queste persone sembra o essere liberata dalla sofferenza o sperimentare un cambiamento profondo e positivo nella sua vita interiore. Amma sa di cosa ha bisogno ogni singola persona che va da lei, la sua conoscenza è intuitiva ed infallibile. E la pace e l'amore che lei irradia non sono di questo mondo. Incontrandola ed osservandola si arriva alla conclusione che la Madre Divina esiste veramente e si prende davvero cura dei Suoi figli, del Creato.

Questo libro riprende da dove era terminato il precedente. Tratta della mia vita con Amma e contiene molti suoi discorsi inediti. Molte persone hanno considerato il primo volume come una buona introduzione per coloro che non avevano mai incontrato Amma. In questo volume ho cercato di avvicinare il lettore ai modi di agire di Amma, misteriosi ma pieni di grazia, e ai suoi insegnamenti illuminanti. Se ci sono riuscito anche solo in minima parte, ciò è dovuto soltanto alla sua grazia. Tutti gli errori sono miei, mentre ogni cosa di valore proviene da lei.

Sono debitore a Swami Amritaswarupananda per la sua ottima memoria nel ricordare tutti gli avvenimenti della liberazione del grande devoto Ottur Unni Nambudiripad.

Possano tutti i devoti di Amma benedirmi affinché io, in questa breve vita, acquisti un po' di devozione ai suoi piedi di loto.

Al Sevizio di Amma,
Swami Paramatmananda

Capitolo 1

Chi è Amma?

Quando venni a stabilirmi da Amma non avrei mai sospettato che Lei sarebbe diventata così conosciuta in tutta l'India e nel resto del mondo. Pensavo che i pochi di noi che vivevano con Amma nel piccolo villaggio di Vallickavu avrebbero avuto la possibilità di godere della sua compagnia per sempre. Ma col passare degli anni Amma fece diverse allusioni al futuro. Una sera di non molto tempo fa, mentre passeggiavo per l'Ashram, fui colpito dalla straordinaria trasformazione che l'ambiente aveva subito, dai semplici esordi dei "bei vecchi tempi" al momento attuale. Ciò che all'inizio era solo una capanna di foglie di cocco intrecciate, con quattro di noi che ci vivevamo dentro, era ora diventato un enorme complesso di edifici che davano ospitalità a centinaia di visitatori. Un giorno di tanti anni fa, mentre Amma ed io eravamo seduti di fronte alla sala di meditazione che dava sul cortile, Lei si voltò verso di me e disse: "L'altro giorno, mentre meditavo, ho visto che qui sorgevano molte stanze, tutte piene di aspiranti spirituali che praticavano la meditazione."

"Com'è possibile, Amma?" avevo ribattuto io. "Non abbiamo nulla con cui comprare la terra. Anche se per miracolo fossimo in grado di acquistarla, come potremmo costruirvi delle stanze?"

"Figlio mio, le vie del Signore sono misteriose. Se questa è la Sua Volontà, si prenderà cura Lui di tutto. Noi dobbiamo conformarci alla Sua Volontà e fare il nostro dovere."

Poco tempo dopo, infatti, un devoto acquistò la terra di fronte all'Ashram e ne fece dono ad Amma. E subito dopo, un altro devoto si assunse l'incarico di costruire ciò che gradualmente è diventato il tempio attuale dell'Ashram e gli appartamenti per i visitatori. Le parole di Amma si erano dimostrate profetiche.

Poiché a quei tempi i visitatori erano pochi, Amma poteva sedere all'aperto sotto gli alberi per la maggior parte del tempo, meditando o chiacchierando senza fretta con i devoti. Oggi, con centinaia o addirittura migliaia di devoti provenienti da tutte le parti del mondo che visitano regolarmente l'Ashram, Amma dà il darshan solo ad orari regolari. Darshan è il momento in cui Lei si rende disponibile per coloro che desiderano vederla, e che vogliono raccontarle i loro problemi. In altri momenti è difficile per lei anche solo muoversi dalla sua stanza perché, non appena lo fa, viene immediatamente circondata da una folla di persone che chiedono la sua benedizione per i loro progetti e la supplicano di liberarli da malattie e sofferenze.

Amma è riverita in tutto il mondo come uno dei pochi santi viventi e facilmente accessibili stabiliti nel *sahaja samadhi*, lo stato in cui si dimora naturalmente nella Realtà Trascendentale, nel Sé. L'unica parola che può descrivere Amma in modo adeguato è "misteriosa." Si può viverle accanto per anni e credere di aver capito tutto di lei e poi, all'improvviso, in sua presenza la mente rimane confusa e sbalordita dai suoi modi di fare imprevedibili e misteriosi, che hanno origine da una fonte trascendentale. La tradizione afferma che soltanto un'Anima Realizzata può riconoscere un'altra Anima Realizzata. Dopo la Realizzazione del Sé non ti spuntano le corna né appaiono tratti fisici caratteristici ed inconfondibili. E i saggi non vanno certo in giro con dei cartelli appesi al collo che dichiarano: "Sono un'anima liberata", che è quello che invece fanno certe persone comuni! Ciò che le persone ordinarie intendono, dicendo di essere "liberate", non è chiaro, ma certamente non è lo stato di libertà dall'identificazione con il corpo e la mente, altrimenti non avrebbero bisogno di fare una dichiarazione simile. Nella *Bhagavad Gita* c'è una conversazione tra il Signore Krishna e il Suo devoto Arjuna che tratta proprio di come si possa riconoscere un saggio. Arjuna chiede:

> "Qual è, oh Keshava (un nome di Krishna), il segno distintivo dell'uomo dalla Saggezza costante, immerso nel samadhi (lo stato supremo)? Come parla, siede e cammina un tale uomo?"

Il Signore risponde:

> "Quando, oh Partha (un nome di Arjuna), un uomo abbandona tutti i desideri della mente ed è appagato nel Sé grazie al Sé, allora si dice che sia stabilito nella Saggezza. Colui la cui mente non è turbata dalle avversità, che non rincorre i piaceri, che è libero da passioni, paura e rabbia, è lui l'uomo dalla Saggezza costante. Colui che non è attaccato a nessun luogo, che non prova diletto per le cose piacevoli, né si abbatte nel momento della disgrazia, è stabile nella Saggezza."

Bhagavad Gita, II, 54-57

E' presuntuoso cercare di definire Amma, poiché noi non siamo nel suo stato di Beatitudine e Amore Universale. Noi non riusciamo a dimostrare amore in modo instancabile ed equanime ad un gran numero di persone come fa lei, né siamo in grado di sacrificare continuamente il nostro tempo, la salute, il sonno e le comodità per il bene del mondo. Possiamo forse essere in grado, con un grande investimento di tempo ed energia, di aiutare in maniera modesta uno o due amici intimi o parenti. Amma, invece, trasforma la vita di tutti quelli che incontra. Lei conosce passato, presente e futuro di tutti coloro che vanno da lei e li conforta e consiglia alla luce di questa conoscenza. Coloro che sono stati seduti accanto a lei per sette otto ore, mentre dà pazientemente il darshan a dieci o ventimila persone, sanno ciò che intendo dire. E' qualcosa che bisogna vivere, non si può descrivere. Anche se è difficile comprendere lo stato di Amma, ci sono dei fatti che ci permettono di fare delle supposizioni su chi lei sia. Nella mia vita con Amma ho visto e sentito diverse cose che mi hanno convinto che quella che noi chiamiamo Amma è la Madre Divina dell'U-niverso, la Grande Madre Kali.

Verso la fine degli anni settanta e gli inizi degli anni ottanta, c'era un grande saggio che girovagava nel Kerala nei pressi del villaggio di Amma, e che fu la prima persona a capire chi fosse veramente Amma e a dichiarare apertamente che lei è la Madre Divina. Il suo nome era Prabhakara Siddha Yogi. Era un *avadhuta* (un saggio che ha trasceso la coscienza del corpo) ed era perciò al di là delle regole e dei costumi stabiliti dall'uomo o dalla religione. Gli avadhuta hanno raggiunto la Realizzazione di Dio, che è il frutto e lo scopo di tutte le regole e le ingiunzioni delle scritture. A loro però non importa di nessuno, e passano la vita assaporando la Beatitudine Suprema dell'unione con la Coscienza Assoluta, che è il loro vero Sé. Tali persone possono essere scambiate per pazze o possedute, e il loro comportamento può essere paragonato a quello di un idiota o di un bambino. Ma le loro azioni hanno un profondo significato interiore che, come dice Amma, può essere compreso solo da coloro che si trovano sullo stesso piano di Realizzazione. Nelle antiche scritture ci sono molti racconti sugli avadhuta, e Jadabharata[1] e Dattatreya[2] sono tra i più famosi. Per tenere la gente alla larga, essi davano l'impressione di essere persone stupide o ignoranti, sebbene fossero in realtà stabiliti in Dio. Questa descrizione si adatta perfettamente a Prabhakara Siddha Yogi.

Questo yogi era conosciuto nella zona da più di cent'anni. Gli anziani del villaggio erano soliti raccontare le storie delle sue azioni bizzarre ai loro figli e nipoti. I suoi seguaci affermavano che avesse più di trecento anni e che ciò poteva essere provato da antichi documenti governativi del villaggio. Che questo fosse vero o meno, non c'era alcun dubbio sul suo strano comportamento e sullo splendore spirituale che lo circondava. Amma ci disse che egli

---

[1] Jadabharata era stato un re nella sua vita precedente. Aveva rinunciato alla sua famiglia e al regno ed era andato in una foresta nel nord del Nepal per dedicarsi completamente alle pratiche spirituali. Aveva ottenuto uno stato molto elevato, ma non la piena Realizzazione del Sé, quando accadde un evento sfortunato che lo fece regredire spiritualmente. Mentre meditava, sentì il ruggito di un leone e quando aprì gli occhi vide una cerbiatta incinta, impaurita, che stava attraversando con un balzo un ruscello. Il feto si staccò e cadde nel fiume, e la madre morì. Jadabharata ebbe compassione del piccolo cerbiatto, lo salvò e lo allevò poi con grande premura e affetto. Sfortunatamente sviluppò attaccamento verso l'animale e prima di morire, invece di pensare a Dio, il suo unico pensiero andò al cervo. Come risultato, egli rinacque immediatamente sotto forma di cervo. Nella sua vita da cervo, grazie agli effetti positivi della sua spiritualità precedente, si ricordò gli avvenimenti della sua vita passata. Lasciò quindi sua madre, ritornò all'ashram e rimase lì pensando a Dio e aspettando di morire. Nella vita seguente, come figlio di un bramino, si ricordava di nuovo ogni cosa. Si comportò come un folle affinché tutti lo evitassero, così da non sviluppare attaccamento nei confronti di nessuno e non essere distolto dalla Realizzazione di Dio.

[2] Dattatreya era il figlio di un saggio ed era considerato una delle antiche incarnazioni del Signore Vishnu. Visse come un avadhuta e diede istruzioni spirituali a molti re del suo tempo. E' famoso per il suo discorso al re Prahlada, in cui paragona ventiquattro tipi di esseri viventi a ventiquattro tipi di principi spirituali. Si dice che sia ancora vivo e che appaia ai suoi devoti sinceri.

aveva molte *siddhi* (poteri soprannaturali), e ci parlò in particolare della sua abitudine di lasciare un corpo e di occuparne un altro. Negli *Yoga Sutra* di *Patanjali*, ciò è chiamato *parasarira pravesa siddhi*, cioè il potere di entrare nel corpo di un altro.

C'è una storia classica di un grande rinunciante, un monaco indù dell'India del nono secolo, di nome Shankaracharya, che aveva questa siddhi. Egli era un'anima realizzata, e stabilì la supremazia dell'Advaita Vedanta, o filosofia della Non-dualità, che insegna che ciò che esiste è soltanto la Realtà Unica, detta *Brahman*, l'Assoluto, ed è Quello che si manifesta come Dio, il mondo e l'anima individuale. Quello è il nostro Sé Reale, la nostra Vera Natura. Egli scrisse elaborati commenti a *Bhagavad Gita, Upanishad* e *Brahma Sutra,* oltre a numerosi inni devozionali al Signore, il tutto prima dei trentadue anni, quando entrò in samadhi e lasciò il suo corpo mortale. Durante i suoi viaggi nell'India antica era solito avere dibattiti con i più grandi studiosi di ogni luogo che visitava, per dimostrare la verità dell'Advaita. Un giorno fu sfidato da una donna molto dotta ad un dibattito sulla scienza dell'erotismo. Essendo casto dalla nascita, non aveva alcuna conoscenza al riguardo e chiese quindi un mese di tempo per prepararsi al dibattito. La donna acconsentì.

Essendo un Maestro spirituale ed un *sannyasi* (monaco), Shankaracharya non aveva alcuna intenzione di rovinare la sua reputazione e quella della sua missione e quindi escogitò un espediente alternativo. Venuto a conoscenza che il re del luogo era appena morto, affidò il suo corpo alle cure dei suoi discepoli e, entrato in trance yogica, lasciò il suo corpo ed entrò in quello del re. Tutti furono ovviamente molto sorpresi nel veder tornare in vita il re, ed estremamente contenti di riaverlo tra loro, specialmente le regine. In questo "nuovo" corpo Shankaracharya si concesse i piaceri del sesso ed ottenne la conoscenza che necessitava. E' interessante notare che le regine e gli abitanti di corte si accorsero che il re era diventato di un'intelligenza eccezionale, senza paragone a quella che aveva prima di morire, e giunsero quindi alla conclusione che un grande yogi fosse entrato nel corpo morto del loro re. Non volendo perderlo, mandarono dei messaggeri per tutta la campagna con l'ordine di cremare i corpi di tutti i monaci morti, affinché l'anima che abitava nel corpo del re non avesse alcun posto in cui poter tornare. Fortunatamente, Shankaracharya scoprì i loro piani e ritornò nel suo corpo appena in tempo. Con la conoscenza appena acquisita sconfisse poi la donna nel dibattito.

In modo simile, Prabhakara Siddha Yogi amava vivere come un avadhuta su questa terra e non voleva perdere tempo fra una nascita e l'altra e a crescere dopo ogni nascita e quindi, quando il corpo si indeboliva o invecchiava, lo lasciava senza problemi ed entrava in uno "bell'e pronto"! Era entrato ed uscito in questo modo da diversi corpi. Avendo sentito parlare di lui, Amma desiderava vedere un tale essere, e quindi semplicemente pensò a lui. Il giorno dopo lui arrivò da lei.

"Mi hai chiamato?" domandò lui.

"Sì. Come hai fatto a saperlo?" gli chiese Amma.

"Ieri ho visto una luce splendente sul mio schermo mentale e ho capito che volevi vedermi, così sono venuto" disse lui.

Questo avadhuta aveva la pessima reputazione di dar fastidio alle donne. Togliendosi gli abiti di dosso, correva loro dietro e cercava di afferrarle, senza preoccuparsi delle conseguenze. Quando veniva criticato a questo proposito, egli rispondeva: "Che cosa me ne importa delle donne terrene? Sono circondato continuamente da un gruppo di damigelle celesti che mi venerano. E' forse colpa mia se voi non riuscite a vederle?" Un giorno disse ai suoi seguaci: "Sento di avere un po' di ego nel corpo. Penso che si debba far qualcosa per eliminarlo." Andò quindi in un paese vicino, si informò su dove abitasse il Sovrintendente di Polizia e andò a casa sua.

Dopo aver bussato alla porta, rimase fermo ad aspettare. Infine la moglie del poliziotto andò ad aprire. L'avadhuta la strinse in un abbraccio fortissimo. Naturalmente, questo non piacque molto al marito, che lo afferrò e lo riempì di botte. Lo mise poi in prigione e gli fece rompere un braccio. Lo yogi scomparve misteriosamente dalla prigione il giorno seguente e lo si trovò in un altro posto, con tutti gli arti intatti. A causa di questo suo modo di comportarsi, ogni qualvolta arrivava in un paese le donne si chiudevano in casa e la popolazione maschile lo picchiava e lo cacciava via. Se il lettore si domanda perché uno yogi si debba comportare in questa maniera, Amma direbbe che solo coloro che sono nel suo stesso stato di coscienza possono saperlo! La spiegazione non può essere compresa dal punto di vista delle persone comuni. Lui non si identifica con il corpo ed è completamente distaccato da questo mondo. Il suo punto di vista è del tutto incomprensibile per noi che siamo ancora addormentati in questo sogno illusorio.

Per non smentirsi lo yogi cercò di afferrare Amma, che aveva a quel tempo poco più di vent'anni. Lei gli strinse immediatamente la mano in una morsa d'acciaio e disse: "Non sai chi sono io? Ho conosciuto tuo padre, tuo nonno e il tuo bisnonno!"

Con un sorriso beato in viso lo yogi replicò: "Oh, sì, Tu sei la Madre Divina Kali in persona. In futuro, la gente verrà da ogni angolo della terra in questo luogo sacro per avere il Tuo darshan!" Amma gli diede poi un abbraccio affettuoso e lui entrò in samadhi per molto tempo. Anche se Amma lo considerava un essere stabilito nello Stato Trascendentale di Beatitudine e aveva quindi per lui un grande rispetto, ciò nonostante riteneva che la sua presenza e il suo esempio avrebbero esercitato una cattiva influenza sui figli spirituali che sarebbero venuti da lei in futuro. Amma prese quindi la risoluzione che lui non tornasse per molto tempo e, infatti, non lo si vide più all'Ashram di Amma per molti anni. Fu durante le celebrazioni per il suo trecentesimo compleanno che decise di lasciare il corpo che stava occupando. Chiamò tutti i suoi seguaci e disse loro una cosa sola: di andare a Vallickavu a dire a Madre Kali che lui se n'era andato. Tale era il suo rispetto per Amma.

Quando incontrai Amma per la prima volta era andato in visita da lei un professore di matematica. In alcune occasioni egli fece da traduttore tra me e Amma. Io rimasi nella casa di famiglia di Amma per quattro o cinque giorni e poi tornai a Tiruvannamalai per circa un mese e mezzo, prima di stabilirmi definitivamente a Vallickavu. Durante il soggiorno a Tiruvannamalai una notte feci un sogno in cui mi trovavo seduto nel tempio di Amma durante il *Devi Bhava*. Lei mi sorrise e, indicando la persona seduta vicino a me, mi chiese se la conoscevo. Io risposi di no. Amma accennò che la persona lì seduta aveva molto distacco e devozione. Poi mi svegliai. Chiamai il ragazzo che era con me in quel periodo e gli chiesi di annotare il sogno nel suo diario, indicando il giorno e l'ora. Pensavo che forse a Vallickavu era successo qualcosa che in seguito avrei potuto voler verificare con precisione. Tre giorni dopo ricevetti una lettera del professore di matematica che diceva: "Domenica sono andato a Vallickavu e ho avuto il darshan di Amma. Durante il Devi Bhava mi sono seduto accanto a lei e le ho chiesto di darti il darshan a Tiruvannamalai. Chiedendomi di prendere il tridente che a volte Amma tiene in mano durante il Bhava darshan, lei mi ha detto che ti avrebbe dato il darshan. Era mezzanotte. Hai avuto qualche esperienza in quel momento?" Era proprio domenica a mezzanotte che avevo visto Amma in Devi Bhava nel mio sogno! Il matematico qualche giorno dopo fece un sogno vivido: Amma gli apparve e gli disse di farmi capire che lei è la Madre Divina incarnata.

Un giorno Amma ebbe la seguente conversazione con dei devoti. Sebbene senza traccia di ego e piene di umorismo, le sue parole indicano tuttavia chi lei sia veramente.

Amma: Persino prima della Creazione, il Signore Shiva aveva dichiarato l'inevitabile. E anche in seguito Egli diede le necessarie istruzioni sul modo corretto di vivere nel mondo.

Domanda: Cosa intendi dire, Amma?

Amma: Prima della Creazione, Shakti (la Natura Primordiale, l'Energia Cosmica) sentì una voce che diceva: "Nel Creato c'è solo dolore. Abbandona l'idea." Era la voce di Shiva (Pura Coscienza). Shakti rispose: "No, si deve fare." Per cui, anche prima della Creazione, Shiva aveva avvisato Shakti sulla natura del Creato. Fu solo dopo averla avvertita che Lui diede il permesso di creare.

Dopo la Creazione, Shiva, l'aspetto della Pura Coscienza, si ritirò. In realtà Lui non ha niente a che vedere con tutte le cose che succedono intorno a noi. In seguito Shakti corse da Lui, lamentandosi: "Non ho più pace. Guarda, i Miei figli Mi rimproverano. Danno a Me la colpa di tutto. Nessuno si prende cura di Me."

Shiva disse: "Non te l'avevo forse detto che sarebbe andata così, e che non avresti dovuto intraprendere la Creazione? Adesso crei un trambusto, dopo aver fatto di testa tua. Non sei tu la responsabile di tutto quello che è successo? Non c'era alcun problema quando c'ero solo Io, non è così ?"

Amma aggiunse: A volte, qui all'Ashram, quando il desiderio dei suoi figli per Dio si affievolisce, Amma non riesce a sopportarlo. Prova un dolore indicibile. In queste occasioni Amma dice ai suoi figli: "Ahimè, Shiva me l'aveva detto di non separarmi da Lui e di lasciar perdere tutto questo. Ed ecco, adesso soffro." (Tutti scoppiarono a ridere.) Adesso come faccio ad andare da Lui a lamentarmi? Mi direbbe: "Non ti avevo forse avvertita?"

Mi ricordo quando alcuni devoti chiesero ad Amma qualche particolare sulla sua realizzazione della Verità. A quei tempi Amma

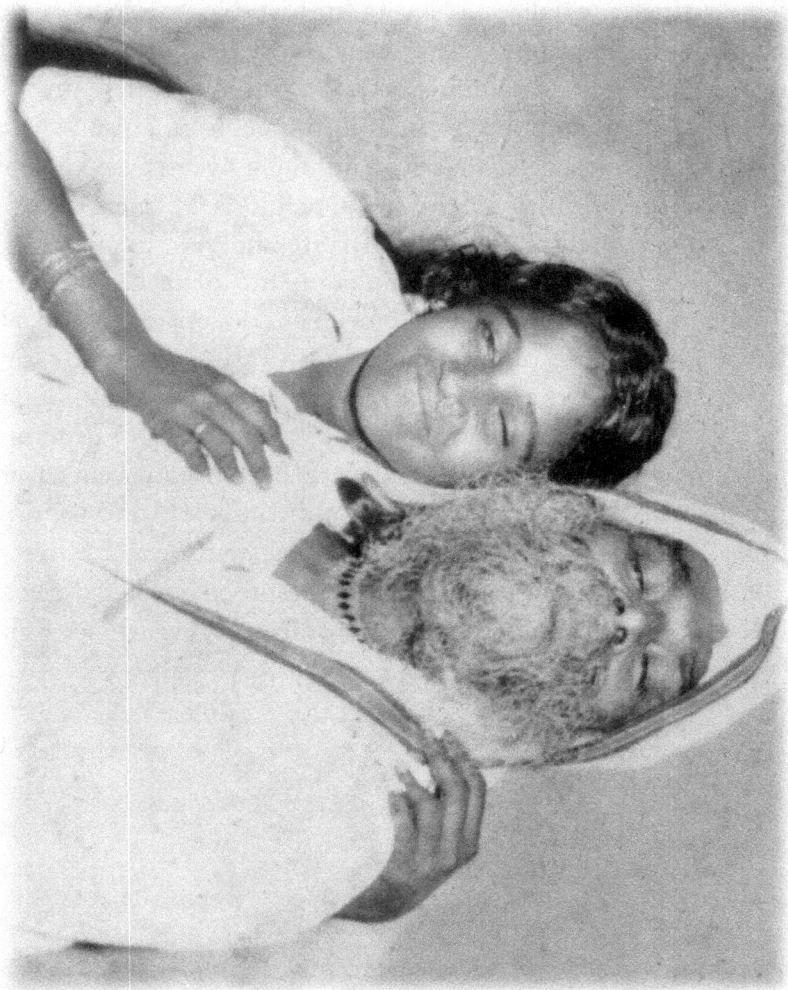

Amma con Prabhakara Siddha Yogi

era solita definirsi una "ragazza folle" che non sa niente. In questa occasione, però, fu più esplicita. Disse: "Amma non si è mai sentita differente dalla sua Natura Infinita. Non c'è stato mai un momento in cui lei non fosse Quello. Il cosiddetto momento della realizzazione è stato soltanto un riscoprire, un togliere un velo, per dare l'esempio. Non c'è mai un momento in cui un *Avatar* non è consapevole della Sua vera natura. Un Avatar è la Coscienza personificata, in tutto il Suo splendore, gloria e pienezza.

"Lo spazio esiste prima di costruire una casa. Esso continua ad esistere anche dopo il completamento della casa. L'unica differenza è che adesso la casa è nello spazio, esiste nello spazio. La casa occupa un piccolo spazio in un vasto spazio. Lo spazio continua ad esistere anche dopo la demolizione della casa. La casa va e viene, ma lo spazio rimane in tutti i tre periodi di tempo: passato, presente e futuro. La riscoperta della propria vera natura, rimuovendo il velo, vale solo per un'anima che si evolve per gradi fino allo stato di Coscienza Suprema. Ma per un Avatar è diverso. Un Avatar è come lo spazio. Lui vive sempre in quella Coscienza. Nel suo caso non esiste il momento della realizzazione. Egli è eternamente Quello.

Capitolo 2

Prima dell'Ashram

L'Ashram non è sempre stato così pieno di pace come lo è oggi. Poco dopo che io e Gayatri ci eravamo trasferiti da Tiruvannamalai, nel gennaio del 1980, per stare vicino ad Amma, qualcuno cercò di avvelenare Amma durante il *Krishna Bhava*, per vecchie gelosie degli abitanti del villaggio. Avevo sentito parlare di precedenti attentati alla sua vita, ma quest'avvenimento accadde sotto i miei stessi occhi.

Alla fine del Krishna Bhava Amma era solita bere un po' di latte offerto dai devoti. Dopotutto, era nota la passione del Signore Krishna per i latticini in particolare per latte e burro. Una sera, dopo aver bevuto un po' di questo latte, Amma si sentì malissimo, ma volle portare a termine il Krishna Bhava. Subito dopo, però, incominciò a vomitare ripetutamente. Nonostante ciò, diede inizio al Devi Bhava poco dopo la fine del Krishna Bhava, com'era sua abitudine. Prima che entrasse nel tempio i devoti l'avevano supplicata di riposarsi e di cancellare il Darshan. A loro Amma aveva risposto così:

"Figli miei, la maggior parte delle persone venute per il Darshan sono molto povere. Molti di loro sono braccianti che lavorano a giornata. E solo mettendo da parte dieci o venti centesimi al giorno che sono in grado di risparmiare abbastanza

23

denaro da poter venire a trovare Amma una volta al mese. Essi non hanno una grande comprensione di cosa sia davvero la spiritualità, vengono da Amma per avere un po' di sollievo, per sentire una parola gentile, perché Amma li consoli. Se si dicesse loro di tornare un'altra volta, essi dovrebbero aspettare il mese successivo prima di poterselo permettere. Inoltre ci sono alcuni devoti che arrivano da molto lontano, e che vengono al Darshan forse solo una volta o due all'anno. Essi ci resterebbero malissimo se interrompessimo il Darshan. E' impensabile per me farli soffrire per una mia comodità. Lasciate che Amma continui il Darshan il più a lungo possibile. Se poi Amma dovesse svenire, lo accetteremo come volontà di Dio."

Amma diede inizio al Devi Bhava, ma le porte del tempio furono chiuse a più riprese, mentre lei vomitava all'interno. Io ero nel tempio con lei e fu molto doloroso per me osservare la sofferenza a cui lei si sottoponeva per amore dei devoti.

Finalmente il Darshan terminò. Mentre Gayatri si prosternava ai suoi piedi, Amma cadde a terra e le porte del tempio vennero chiuse.

Amma in seguito rivelò la verità dell'intera faccenda. Disse che alla fine del Krishna Bhava una devota le aveva offerto del latte, come d'abitudine. Questa volta, però, il latte era stato avvelenato dalla persona che aveva venduto il latte alla devota. Amma disse che il lattaio era un ateo ostile ad Amma il quale, quando aveva sentito dire che il latte sarebbe stato offerto ad Amma durante il Krishna Bhava, lo aveva avvelenato. All'oscuro di tutto, la donna l'aveva offerto a lei. Amma disse di aver capito che il latte era stato avvelenato nel momento stesso in cui lo vide. Sconcertati, le chiedemmo perché l'avesse bevuto. Lei disse:

"Quando la devota ha offerto il latte ad Amma, Amma non lo ha accettato subito, sapendo che era stato avvelenato. La devota ci è rimasta malissimo ed ha incominciato a piangere. Lei era innocente. Sentendo compassione per lei, Amma allora ha bevuto il latte. I devoti portano le loro offerte con grandi aspettative e se Amma le rifiutasse essi si rattristerebbero moltissimo, per cui Amma ha dovuto bere il latte anche se era avvelenato. Non preoccupatevi, figli miei, Amma starà presto bene." A quel punto Amma entrò in casa e si sdraiò, esausta e sofferente. Bhaskaran, un grande devoto della Madre Divina che abitava nelle vicinanze, rimase seduto accanto a lei per tutta la notte, recitando storie della Devi fino al sorgere del sole. Che voce! Anche senza capire le parole, potevo sentire la sua devozione. Dalla qualità della sua voce si capiva che era un vero maestro cantastorie.

Bhaskaran normalmente trattava Amma come una figlia, ma durante i Bhava Divini la considerava rispettosamente come la dimora del Signore Krishna e della madre Divina. Nel corso degli anni ebbe molte esperienze meravigliose per grazia di Amma. Per guadagnarsi da vivere era solito viaggiare di villaggio in villaggio cantando lo *Srimad Bhagavatam* e altre scritture, accettando per i suoi servizi quello che gli veniva offerto. Aveva sentito parlare del Krishna Bhava di Amma ed era anche venuto a vederla alcune volte, ma non era completamente convinto che l'essere che aveva davanti fosse Krishna stesso. Una notte fece un sogno molto vivido. Krishna gli apparve e gli disse: "Figlio mio, stai girando di villaggio in villaggio tenendoMi (lo *Srimad Bhagavatam*) sottobraccio da così tanti anni, e che cosa hai ottenuto? Sono qui, proprio sotto il tuo naso nel Krishna Nada (la casa di Amma) e non Mi riconosci. Che sciocco!" Bhaskaran si svegliò di soprassalto. Da quel momento in poi venne regolarmente al Krishna Bhava. Un giorno, mentre ritornava da un villaggio vicino, passò accanto ad un laghetto nei pressi di un tempio, e fu attratto dai fiori di loto che vi crescevano. Egli pensò: "Come sarebbe bello se potessi offrire uno di questi fiori a Krishna." Andò dal sacerdote del tempio ed espresse il suo desiderio e, avendo ottenuto il permesso, raccolse uno di quei fiori e si avviò verso la casa di Amma. Lungo la via, un bambino incantevole lo fermò e lo supplicò di dargli il fiore. Bhaskaran si trovò di fronte a un dilemma. Sentiva un'inspiegabile attrazione verso il ragaz zino ed era tentato di dargli il fiore per farlo felice; ma d'altro canto pensava che fosse sbagliato dare ad un essere umano qualcosa che si era deciso di offrire a Dio. Infine il cuore vinse sul senso del dovere, ed egli diede il fiore al bambino. Quando raggiunse l'Ashram, Amma aveva già incominciato il Krishna Bhava. Non appena entrò nel tempio, Amma lo chiamò accanto a sé e sorridendo gli chiese: "Dov'è il fiore?" Il cuore di Bhaskaran fece un sobbalzo; non riuscì a dire una parola. Allora Amma lo accarezzò amorevolmente sulla testa e disse: "Non ti preoccupare, quel bambino a cui hai dato il fiore ero Io, Krishna."

Una sera, verso la fine del Devi Bhava, Bhaskaran era seduto fuori dal tempio. Amma lo chiamò all'interno, lo benedisse, gli diede un bastoncino d'incenso acceso e gli disse di andare immediatamente a casa; erano solo le dieci di sera e Amma finì il Devi Bhava di lì a poco. Ciò era molto insolito perché, anche quando la gente era poca, il darshan continuava per lo meno fino all'una o alle due del mattino. Dopo il darshan, mentre eravamo seduti intorno a lei, Amma disse: "Questa notte uno dei miei figli morirà." Noi ci guardammo l'un l'altro, con un po' di apprensione. "Chi, Amma?" chiedemmo. Ma Amma non rispose. Entrammo nella capanna e ci sdraiammo a riposare. All'improvviso sentimmo dei lamenti pietosi provenire dall'altra parte del villaggio. Amma si alzò immediatamente e uscì dalla capanna, guardando intensamente in direzione della casa di Bhaskaran. Poi ci chiamò e insieme ci dirigemmo là. Non appena entrammo in casa, la moglie di Bhaskaran smise di piangere e disse anche ai suoi figli di far silenzio, perché era arrivata Amma. Il suo rispetto per Amma era tale che, persino in quella situazione estremamente dolorosa, insistette affinché le si mostrasse il dovuto rispetto. Il corpo di Bhaskaran giaceva senza vita su una stuoia sul pavimento. Amma chiese in che modo fosse giunta la fine. La moglie disse: "E' venuto a casa, ha mangiato e si è sdraiato, dicendo di avere un dolore al petto. Se ne è andato subito dopo." Rimanemmo lì per un po' e poi tornammo all'Ashram con Amma. Per la strada le domandammo: "Amma, qual è stato il suo destino dopo la morte?" "Dove avrebbe potuto andare, se non nel regno della Devi?" rispose Amma con un leggero sorriso che le illuminava il volto.

A quei tempi, all'inizio del Devi Bhava, Amma era solita uscire dal tempio e danzare in estasi, tenendo in mano una spada ed un tridente. Con la lingua all'infuori e ridendo fragorosamente assumeva realmente l'aspetto feroce della Dea Kali. A volte era in un tale stato d'estasi che si rotolava al suolo ridendo in modo incontrollabile. Vedendo Amma in quello stato ci rendevamo conto di non aver capito niente di lei. Era in quei momenti che dovevamo fare particolarmente attenzione al modo in cui suonavamo. La melodia ed il ritmo dovevano essere perfettamente corretti.

Una sera, durante la danza di Amma, feci un errore suonando l'harmonium, un piccolo strumento simile ad un organetto ad aria. Amma corse verso di me e si precipitò verso l'harmonium con la spada. Vedendo la spada avvicinarsi velocemente, tirai immediatamente via la mano e fui fortunato, perché la spada fece un ampio squarcio nello strumento proprio dove un attimo prima c'era la mia mano. Anche la persona seduta accanto a me, che stava suonando la tabla, (tamburo), sbagliò il ritmo e la spada si avventò anche su di lui, lacerando la parte superiore del tamburo! Noi eravamo spaventati ed anche un po' turbati. Evitammo Amma per il resto della notte, pensando che fosse arrabbiata con noi. Dopo il Darshan, però, lei ci disse con tono affettuoso:

"Qualunque sia il mio stato d'animo, io sono sempre vostra Madre. Non c'è motivo d'aver paura. Non ero arrabbiata con voi per ragioni personali, ma piuttosto a causa degli esseri sottili che si stavano godendo la musica."

"Che cosa intendi dire, Amma?" chiedemmo noi.

"Durante la danza molti esseri vengono per vedermi in quel bhava (stato d'animo). Li percepisco come tanti piccoli puntini di luce che vibrano. Tutto il loro essere viene, per così dire, assorbito nella melodia e nel ritmo della musica. Quando fate un errore, è un terribile shock per il loro sistema. Immaginate di essere beatamente assorti nell'ascolto di una bellissima melodia e all'improvviso i musicisti cominciano a stonare. Come vi sentireste? Sarebbe molto penoso, vero? E' stato vedendo il dolore di quegli esseri sottili che mi sono arrabbiata con voi."

A questo punto è forse appropriata una discussione sui piani sottili di esistenza. Proprio come abbiamo un corpo fisico, costituito di carne, ossa e nervi, un corpo più sottile, che chiamiamo mente, fatto di pensieri e di sentimenti, ed un corpo causale in cui la mente si immerge nel sonno profondo, anche Dio ha questi diversi corpi, ma su un piano universale. Sia Amma che le antiche sacre scritture dell'India sottolineano che questa terra non è che la manifestazione più grossolana del Corpo Universale dell'Essere Cosmico. Ci sono molti altri livelli di esistenza, che non riusciamo a vedere con i nostri occhi fisici, popolati da un infinito numero di anime viventi. Noi proveniamo da lì ed è lì che andremo dopo aver lasciato il corpo fisico al momento della morte. Come il Signore Krishna dice nella *Bhagavad Gita*:

"Oh Partha, né in questo mondo né nel prossimo c'è distruzione per lui; figlio Mio, in verità, colui che fa del bene non soffrirà mai. Dopo aver raggiunto il mondo dei giusti e avervi dimorato per anni eterni, colui che non ha raggiunto lo yoga (l'unione eterna con Dio) rinasce in una famiglia di puri e ricchi. Oppure, rinasce in una famiglia di yogi saggi. In verità una nascita così è molto difficile da ottenere in questo mondo. Lì egli entra in contatto con la conoscenza che aveva nel corpo precedente e si impegna ancora di più a raggiungere la perfezione, oh figlio dei Kuru."

VI, 40-43

Una persona la cui coscienza sia diventata sottile e calma grazie a prolungate pratiche spirituali, riesce a vedere questi mondi sottili. Vi esistono esseri buoni e cattivi, proprio come qui. Essi hanno gradi diversi di potere spirituale, proprio come le persone sulla terra. Visti da fuori tutte le brioche possono sembrare uguali, ma dentro alcune hanno la crema, altre la marmellata ed altre ancora il cioccolato. In modo simile, la materia interiore, o corpo sottile, degli esseri viventi varia a seconda del loro grado di evoluzione spirituale. Siamo tutti uguali solo nel senso che la scintilla di divinità, coscienza e vita è uguale in tutti. A parte ciò, tutto il resto cambia da anima ad anima.

Nei primi tempi dell'Ashram molte persone erano solite venire da Amma per essere liberate dalla possessione di esseri sottili. Alcuni di questi esseri sono in uno stato emotivo molto doloroso. Spesso possono avere una grande fame o sete e sono incapaci di soddisfare i loro bisogni. Aspettano quindi l'opportunità di entrare in contatto in qualche modo con esseri che si trovano sul piano fisico di esistenza, per ottenere un po' di sollievo dalle loro sofferenze. Per liberarsi di loro, la maggior parte delle persone si rivolge a "stregoni" o a "praticanti di magia bianca", che conoscono diversi *mantra* per scacciare questi esseri.

Poco prima di venire da Amma, avevo conosciuto una ragazza che era posseduta da un essere sottile molto potente. Lei e la sua famiglia molto povera abitavano in un appartamento in affitto, che era parte di una casa in cui vivevano anche altri inquilini. Uno dei loro vicini provò compassione per loro e costruì una casetta, facendone dono alla famiglia. Sfortunatamente uno degli inquilini si ingelosì della loro buona sorte e decise di uccidere il padre usando la magia nera. Andò con il mago a casa loro e bussò alla porta, ma invece del padre fu la ragazza che andò ad aprire. Non appena aprì la porta, lei si sentì investita da una forza tremenda e cadde a terra. Da quel giorno in poi, ebbe una sensazione di vuoto interiore e gradualmente iniziò a sentire una voce maschile dentro di lei. Ogni qualvolta qualcuno si avvicinava a lei con l'intenzione di liberarla da questa possessione, lo spirito maligno cominciava a 'strizzarle le budella', facendola urlare così forte che la si poteva udire a chilometri di distanza.

Lo spirito maligno in seguito rivelò alla ragazza di essere stato un *bramino* virtuoso nella sua vita precedente e di aver praticato la meditazione sulla riva di un fiume sacro. Un giorno qualcuno era andato a trovarlo e aveva lasciato nella sua capanna un libro di magia nera. All'inizio non aveva provato interesse per quel libro, ma poi la curiosità aveva avuto la meglio. Aveva letto il libro e incominciato a fare esperimenti per vedere se poteva davvero controllare le forze sottili attraverso i mantra prescritti. I suoi esperimenti avevano causato la rovina di molte vittime innocenti, e anche la sua. La famiglia della ragazza aveva provato di tutto per eliminare la possessione, ma invano. Un giorno la ragazza sentì un'altra voce, che le disse di essere il Guru di famiglia e che le promise che l'avrebbe salvata se sua madre avesse fatto il voto di digiunare ad oltranza fino a quando lo spirito maligno non se ne fosse andato. Sentito questo, la madre incominciò a vivere soltanto d'acqua e succo di limone. Infine, la madre divenne così debole che morì, lasciando il padre e la nonna a prendersi cura della ragazza, che stava sempre peggio. La voce era stata ovviamente quella dell'ingannevole spirito maligno.

Poiché ero molto dispiaciuto per questa famiglia, raccontai ad Amma l'intera vicenda e le chiesi se poteva fare qualcosa per aiutarli . Amma rispose:

"Chiedi loro di venire qua. Nessuno spirito maligno è potente come la Devi. Senz'altro la ragazza potrà guarire."

Riportai le parole di Amma alla famiglia tramite lettera, ma non ricevetti mai alcuna risposta. Portare la ragazza all'Ashram sarebbe stato quasi impossibile, perché lo spirito malvagio avrebbe incominciato a torturarla ancora di più. Che destino terribile! Può darsi che la ragazza fosse addirittura morta prima di ricevere la mia lettera.

Una sera, un uomo con molti problemi fisici venne all'Ashram durante il Devi Bhava. Aveva consultato molti dottori nelle ultime settimane, ma nessuno era stato in grado di aiutarlo. Infine, avendo sentito parlare di Amma, il rifugio dei senza speranza, venne da lei. In quel momento io ero all'interno del tempio e sentii Amma chiedergli se qualcuno nella sua famiglia fosse morto recentemente a causa di un morso di serpente. L'uomo rispose che effettivamente alcune settimane prima suo fratello era morto per il morso di un cobra. Amma chiese se i riti funebri fossero stati compiuti e scoprì che, per una qualche ragione, l'uomo non aveva eseguito i riti prescritti per il defunto. Amma allora gli disse che i suoi problemi fisici erano dovuti al fatto che suo fratello lo stava importunando, cercando di attirare la sua attenzione, perché desiderava avere i tradizionali riti funebri. A quel punto Amma chiese all'uomo di sedersi per terra di fronte a lei. Amma gettò una grande quantità di fiori in aria, proprio sopra la testa dell'uomo, continuando a sorridere e a guardare in quella direzione. Io continuai a fissare nello stesso punto, ma naturalmente non vidi niente. Dopo che Amma ebbe compiuto questo rito l'uomo se ne andò. Sentimmo in seguito dire che il suo problema era scomparso.

Durante un altro *Bhava Darshan* io ero seduto accanto ad Amma quando arrivò un devoto. Quando mise la testa in grembo ad Amma, il suo corpo tremò leggermente. Amma mi guardò con un sorriso sul volto e fece un segno con la mano come ad indicare un cobra con la testa rialzata. All'improvviso l'uomo fece un balzo e iniziò a rotolarsi a terra. Strisciando sulla schiena uscì dal tempio, e rientrò immediatamente, sempre strisciando. Rimase sdraiato a terra, con gli occhi fissi sulla porta del tempio, dando le spalle ad Amma. Lei con la mano gli fece segno di uscire dal tempio. Anche se dalla posizione in cui era non poteva vedere Amma, l'uomo uscì immediatamente dal tempio, sempre strisciando. Dopo un po' ritornò, questa volta in uno stato d'animo normale. In seguito, Amma mi disse che l'uomo veniva regolarmente posseduto da un *naga*, un essere sottile in qualche modo collegato, sul piano fisico di esistenza, alla famiglia dei cobra. I naga si arrabbiano moltissimo quando qualcuno uccide un cobra, e creano problemi alla persona coinvolta. Per Amma tutti i piani di esistenza sono visibili, e lei non è né sorpresa né spaventata da ciò che succede in ognuna di queste dimensioni. Amma vede ogni cosa come il suo stesso Sé in forme diverse, proprio come chi sogna considera il sogno una proiezione della sua stessa mente.

Agli inizi degli anni '60, in un piccolo villaggio dell'Andhra Pradesh, uno stato dell'India, ebbe luogo un fenomeno molto insolito. Un contadino stava camminando nei campi quando si imbatté in un cobra bianco nel mezzo del sentiero. Non aveva mai visto né sentito parlare di un cobra di quel colore e quindi pensò che si potesse trattare di un essere soprannaturale, in quel caso del dio Subrahmaniam, figlio del Signore Shiva. Posò il suo scialle a terra di fronte al serpente e pregò: "Se sei il Signore

Subrahmaniam, ti prego, sali sullo scialle e lascia che ti porti al tempio." Con sua grande sorpresa, il serpente salì sullo scialle e vi rimase seduto docilmente mentre il contadino lo trasportava al tempio del villaggio dedicato a Shiva. Dopo averlo deposto al suolo, l'uomo restò a guardare mentre il serpente scivolava verso il laghetto adiacente al tempio. Il serpente fece il bagno e poi entrò nel tempio. Fece il giro intorno all'immagine di Ganesha e poi si arrotolò attorno allo Shiva *linga*, tenendo la testa eretta.

Avendo saputo del fatto, molte persone dei villaggi limitrofi si precipitarono a vedere il serpente delle meraviglie. I giorni passavano, e il serpente non mangiava niente. Infine, a qualcuno venne l'idea di venerarlo. Come parte del rito di adorazione fu offerta al serpente una tazza di latte. Non appena furono recitati i mantra appropriati, il serpente si chinò e bevve tutto il latte! Da quel momento in poi, il serpente divenne la "divinità prediletta" del villaggio, e lasciava che tutti, persino i bambini, lo accarezzassero, lo nutrissero e lo venerassero. Ogni giorno faceva il bagno nel laghetto e, dopo aver girato attorno alle altre divinità del tempio, prendeva posto sul linga. Migliaia di persone incominciarono ad andare in quel villaggio sperduto, tanto che fu necessario costruire una strada, istituire un servizio di trasporti pubblici e installare la corrente elettrica. Molti santi andarono a ricevere il darshan del serpente sacro. Mentre uno di tali *Mahatma* stava seduto di fronte al tempio cantando con l'accompagnamento dell'harmonium, il serpente strisciò fuori dal tempio, salì sull'harmonium e poi scivolò sulle braccia del saggio e intorno al suo collo, ridiscese a terra e ritornò nel tempio, lasciando lo swami in estasi. Questo swami era un mio caro amico e mi raccontò l'accaduto con grande emozione.

Un giorno, un farabutto, geloso della prosperità del tempio, afferrò il serpente e, in un momento in cui non c'era nessuno nei paraggi, lo uccise. Catturò poi un cobra comune e, dopo avergli cucito la bocca, lo depositò sul linga. Quando ritornò sul posto dopo qualche ora, per vedere cosa stesse succedendo, il serpente,che in qualche modo era riuscito a staccarsi i punti di sutura, lo morse. L'uomo morì all'istante di una morte molto dolorosa. Essendomi recato in quel villaggio ed avendo visto le fotografie del serpente miracoloso mentre veniva accarezzato e venerato dai bambini, non mi sorpresi in seguito quando talvolta vidi accadere attorno ad Amma fatti insoliti relativi a serpenti-divinità. Esistono senza alcun dubbio piani di esistenza invisibili all'occhio fisico.

Una volta, durante una danza di Amma in Devi Bhava, arrivò un uomo intenzionato a creare problemi. Amma uscì dal tempio, con la spada ed il tridente in mano, e incominciò a danzare nello spazio aperto di fronte al tempio. L'uomo afferrò la spada, cercando di strapparla dalle mani di Amma e, anche se non riuscì ad impossessarsene, ferì però Amma ad una mano. Immediatamente la folla si precipitò su di lui, riempiendolo di botte. Vedendo tutta questa violenza, io incominciai a tremare, ma Amma non mi vide in quello stato, perché stava danzando in un'altra parte della proprietà. Fui perciò sorpreso quando, finito il Darshan, lei mi guardò e, ridendo, disse: "Perché tremavi così tanto quando quel tipo cercava di farmi del male? Poiché ha ricevuto una punizione immediata per il suo misfatto, non dovrà più soffrire in futuro."

Poco tempo dopo questo fatto, ci fu un'altra aggressione all'Ashram. Successe alla fine di un Krishna Bhava. Amma era inebriata di beatitudine e tutti noi stavamo cantando i nomi divini del Signore. Amma diede un ultimo sguardo amorevole ai suoi devoti, poi rientrò nel tempio e le porte si chiusero dietro di lei. La musica terminò e l'atmosfera si fece quieta, immobile. Tutti erano fermi, in piedi, assorti in silenziosa preghiera, immersi nella devozione alla Madre nell'aspetto di Krishna.

Improvvisamente un uomo dall'aspetto rozzo che era di fronte a Gayatri cominciò ad urlare qualcosa. Sembrava alquanto ubriaco. Rispondendo al richiamo del loro leader, un gruppo di delinquenti si fece largo tra la folla e circondò il padre di Amma. Iniziarono a dargli spintoni a destra e a sinistra, facendogli cadere gli occhiali. Sugunanandan si infuriò e disse loro di andarsene. All'improvviso il leader della banda tirò fuori quella che sembrava un'arma mortale fatta in casa: una cinghia con degli spessi uncini di metallo ad un'estremità. Sembrava che l'uomo stesse per colpire il padre di Amma. Gayatri si precipitò verso di lui e gli strappò l'arma dalle mani, e poi scappò via per non farsi prendere. Diversi devoti si fecero avanti per proteggerla dai teppisti e, in un attimo, si scatenò una rissa. Gayatri riuscì in qualche modo a scappare dal mezzo della rissa e corse a chiudere la porta del tempio dall'esterno, bloccando Amma all'interno, temendo che Amma potesse uscire ed essere attaccata dai malviventi. Balu e Srikumar erano corsi nel tempio per proteggerla ed io mi trovavo già lì per assisterla alla fine del Darshan. Potevamo sentire fortissimi rumori provenire dall'esterno del tempio, gente che urlava, che gridava, e il suono di cose che andavano in pezzi. Nel tempio Amma urlava: "Kali! Kali!", cercando di uscire, ma noi glielo impedimmo. Dovemmo tenerla nel tempio con la forza, per evitare che qualcuno le facesse del male. Senza farsi vedere, Gayatri andò a nascondere l'arma tra un mucchio di vecchie assi e poi tornò a fare la guardia alla porta del tempio. Nel frattempo, la metà dei giovani del villaggio erano giunti sul posto, pronti alla rissa. I devoti, di solito molto pacifici, erano ora disposti a combattere per amore di Amma; nel giro di un attimo, una cinquantina di uomini si stava picchiando, tra le urla angosciate delle donne. Sembrava una scena del Mahabharata.

Nessuno sapeva esattamente cosa stesse succedendo né perché. Dopo una ventina di minuti la rissa si placò e gli abitanti del villaggio iniziarono a sfollare. Anche se molti devoti e membri della famiglia di Amma erano stati leggermente feriti, con nostro grande sollievo potemmo constatare che nessuno si era fatto veramente male. Quando Gayatri aprì le porte del tempio Amma corse fuori, esprimendo preoccupazione per tutti coloro che erano stati feriti. Accarezzò le persone che avevano lividi ed occhi pesti, tra cui diversi suoi parenti. Si rivolse poi al gruppo:

"Figli miei, tante persone del luogo sono molto ostili ad Amma e stanno cercando qualsiasi mezzo per distruggere Amma e l'Ashram. A causa della loro ignoranza e gelosia, i giovani di una ventina di famiglie si sono riuniti questa sera per mettere in opera un odioso complotto per assalire i parenti di Amma ed uccidere lei. Circa due settimane fa Amma ha avvertito Sugunanandan della possibilità che accadesse un evento simile, gli ha consigliato di non restare fuori casa troppo a lungo e di non litigare con nessuno, perché Amma sentiva che queste persone erano in cerca di provocazioni."

Amma si voltò verso Sugunanandan e con grande amore gli disse: "Anche se t'insultano, devi imparare a mantenere la pace interiore e l'equanimità. Noi ci siamo affidati completamente al Sé Supremo. Quindi, dovremmo imparare a vedere Dio in tutti, in ogni circostanza. Dobbiamo imparare ad accettare elogi ed insulti con lo stesso distacco." Sugunanandan sembrò piuttosto sorpreso quando replicò: "Ma un paio di quei delinquenti sono passati di qui questa mattina dicendo che avevano fame, e noi gli abbiamo dato dei soldi! E stasera sono tornati per picchiarci!" Amma rispose: "Questa è la loro natura. Ma in qualunque modo loro si comportino, noi dobbiamo rimanere fedeli al nostro dharma, e cercare di vedere la Divinità in tutti."

Amma continuò a rivolgersi ai devoti: "Figli miei, dobbiamo considerare quest'evento come un'opportunità per studiare le nostre menti. Dobbiamo cercare di non reagire in modo eccessivo e di non preoccuparci troppo per cose di poco conto. Le nostre azioni non devono dipendere dalle parole che escono dalla bocca di delinquenti simili. Il diamante della pace che abbiamo acquisito grazie alla sadhana non può essere barattato con delle noccioline. La vita spirituale ha lo scopo di rompere il guscio dell'ego che ricopre il nostro Sé, non di rinforzarlo. In circostanze difficili come questa, sono necessarie grande fede e pazienza. Dio ci protegge. Se facciamo affidamento soltanto su di Lui, Egli si prenderà cura di noi. Se catturiamo l'ape regina, tutte le altre api dell'alveare ci serviranno e proteggeranno."

"Figli miei, dobbiamo fare tutti molta attenzione. Dobbiamo cercare di evitare le circostanze in cui possiamo perdere il nostro equilibrio. Manteniamo il cuore aperto e affidiamoci a Dio. Se cerchiamo di conquistare l'ignoranza di quelle persone con la forza, esse ritorneranno con maggiore cattiveria. Ricordatevi, figli miei, che l'odio non si vince mai con l'odio, ma solo con l'Amore."

Dopo aver confortato i devoti, Amma rientrò nel tempio per dare inizio al Devi Bhava. A molti di noi sembrò che Amma quella notte fosse ancora più piena di compassione del solito, come se esprimesse il suo apprezzamento per il coraggio che i devoti avevano dimostrato.

Naturalmente, la rissa divenne l'argomento del giorno tra gli abitanti del villaggio e i pettegolezzi si moltiplicarono. Venimmo subito a sapere che in molti davano la colpa ad Amma. Era il momento adatto per restarsene all'Ashram, ed evitare di recarsi al villaggio. A quei tempi, anche in circostanze normali, molti abitanti del villaggio approfittavano di ogni opportunità per infastidire Amma. Quando Amma passava davanti a casa loro, essi dicevano ai figli di prenderla in giro o di tirarle delle pietre. Per evitare cose di questo genere, i discepoli chiesero ad Amma di evitare di camminare per le strade del villaggio, ma lei rifiutò.

Vedendo tutto ciò, io mi chiedevo se volessi davvero rimanere a Vallickavu per sempre. Questo non era un Ashram, era un campo di battaglia! Ero pronto a morire in combattimento? Decisi infine che non avevo scelta, e che non potevo scappare via ed abbandonare Amma. Come dice la *Bhagavad Gita*, è meglio morire compiendo il proprio dovere che vivere compiendo il dovere di un altro. Fortunatamente, questo fu l'ultimo episodio violento. Intanto, il mio apprezzamento per il coraggio di Amma cresceva sempre di più, man mano che venivo a conoscenza dei particolari della sua vita. Questa rissa non era niente in confronto a quello che succedeva ai tempi del "Comitato contro la fede cieca", che era stato creato per distruggere Amma negli anni precedenti, prima che io venissi da lei. A quei tempi lei era completamente sola, nemmeno la famiglia la proteggeva. Amma non aveva paura, nonostante le continue molestie. Un gruppo di oltre mille giovani della zona costiera si era riunito nel Comitato, e le loro motivazioni andavano da interessi personali a pura e semplice litigiosità. Essi avevano cercato in vari modi di smascherare Amma, ritenendola una truffatrice, e di ucciderla, ma ogni volta avevano fallito miseramente. Molti membri del Comitato divennero poi ardenti devoti di Amma, dopo aver sperimentato il suo potere divino e benevolo. In seguito uno dei leader sposò addirittura una delle sorelle di Amma.

Provate ad immaginare di essere una ragazzina nella situazione di Amma. Anche se foste circondati da amici e parenti affettuosi, se la vostra vita fosse in pericolo avreste comunque paura. E Amma non aveva nessuno dalla sua parte. Quale potrebbe essere la spiegazione per il suo coraggio di fronte a circostanze tanto opprimenti? Amma viveva in uno stato continuo di Unione cosciente con Dio, e sapeva per esperienza che questo mondo apparentemente reale ed il corpo che vi dimora non sono altro che un sogno illusorio proiettato sullo schermo indistruttibile della Consapevolezza; soltanto questo può spiegare il suo incredibile coraggio. Non c'è altra spiegazione possibile. Alcune persone, dopo aver intrapreso il cammino spirituale, affermano di essere una cosa sola con Dio; ma c'è qualcuno di loro che resterebbe impavido di fronte a circostanze simili? Questa è la vera prova del nove.

Nei primi tempi della mia permanenza a Vallickavu, io non parlavo la lingua di Amma, il malayalam. Fortunatamente, Balu (Swami Amritaswarupananda), Srikumar (Swami Purnamritananda) e Krishna Shenoy, un uomo di famiglia molto devoto, erano soliti venire all'Ashram regolarmente, e tutti e tre parlavano fluentemente l'inglese. Il sig. Shenoy ha composto molti commoventi canti devozionali che invocano la grazia di Amma affinché lo salvi da situazioni difficili. A volte i devoti diventano consapevoli all'improvviso della loro relazione eterna con Amma. Come dice Amma:

"Ricordate che tutti coloro che hanno una connessione con Amma in questa vita l'avevano anche nelle loro vite passate. Voi vedete soltanto questa vita e quindi pensate di non aver mai conosciuto Amma prima. Ma siete già stati tutti con Amma. Nessuno si ricorda del suo legame con Amma nelle vite precedenti. C'è un momento predestinato per ognuno per arrivare da Amma. Alcuni vengono prima, altri dopo, ma tutti loro sono sempre stati con Lei. Arrivano da Amma in momenti diversi, a volte quando sentono parlare di Lei, o dopo aver visto una Sua fotografia, oppure dopo aver ascoltato una cassetta dei *bhajan* (canti) di Amma. In alcuni casi vengono da Lei dopo aver incontrato uno dei Suoi figli; altri ancora si rendono conto del loro legame con Amma solo dopo averla incontrata. Alcune persone dicono: 'prima di incontrare Amma', ma non esiste una cosa simile. Tutti i figli di Amma l'hanno già incontrata molto tempo fa. Anche se nessuno ne è consapevole, la protezione di Amma è stata sempre con loro."

Il primo incontro del sig. Shenoy con Amma cambiò completamente la sua vita. Aveva intorno ai quarant'anni, ed era un comunista convinto. Un giorno i suoi familiari decisero di andare a trovare Amma e insistettero perché lui li accompagnasse. In un momento di debolezza lui accettò; arrivarono tutti a Vallickavu un giorno di Bhava Darshan. Giunsero prima dell'inizio del Darshan e si sedettero sotto ad un albero vicino al tempio. Lì vicino c'era un gruppo di ragazze adolescenti che chiacchieravano e giocavano. Erano tutte vestite in modo simile, con gonne e camicette colorate, e avevano l'aria di essere ragazze di villaggio. All'improvviso il sig. Shenoy sentì una forza irresistibile che lo attirava verso una delle ragazze. Come in trance, si avvicinò al gruppo di ragazze e, cadendo al suolo, mise la testa in grembo ad una di loro e scoppiò a piangere come un bambino. Rimase a lungo lì sdraiato a piangere e, quando infine si rialzò, la ragazza lo guardò con un sorriso e gli disse: "Figlio mio, ti stavo aspettando. Adesso non devi più preoccuparti. Sarò sempre con te." Il sig. Shenoy scoppiò di nuovo a piangere; infine si alzò e tornò a sedersi sotto l'albero. I familiari gli chiesero: "Sei già stato qui in passato?" Lui rispose: "Non sono mai stato in questa zona in vita mia. Questa è la prima volta che vengo qua."

"Allora come facevi a sapere quale di quelle ragazze fosse Amma? Non c'è niente che la differenzi dalle altre."

Il sig. Shenoy rispose: "Non ho la più pallida idea di cosa sia successo, o perché."

Pensate cosa sarebbe successo se quella ragazza non fosse stata Amma!

Dopo questo fatto si produsse nel sig. Shenoy una grande trasformazione. Interruppe tutti i contatti con i suoi amici comunisti e divenne membro del comitato di un tempio vicino a casa sua. Questo tempio stava cadendo in rovina ed i devoti decisero di costruire un nuovo tempio per il naga, una divinità raffigurata con la testa di un uomo ed il corpo di un serpente. Essi trasferirono le immagini sacre in un'altra zona e vi costruirono un nuovo tempio. La notte prima della consacrazione del tempio il sig. Shenoy venne a Vallickavu per ricevere la benedizione di Amma ed invitarla alla cerimonia. Entrò nel tempio durante il Devi Bhava e quando Amma lo vide gli disse:

"So perché sei venuto. Non ti preoccupare, andrà tutto bene, io ti precederò e farò in modo che nel nuovo tempio si senta la mia presenza."

Il sig. Shenoy tornò immediatamente al villaggio con il primo autobus disponibile. Dirigendosi verso il tempio trovò gli altri membri del comitato in preda all'eccitazione, di fronte all'entrata della proprietà. Il sig. Shenoy si domandò come mai non fossero impegnati nei preparativi per la cerimonia e chiese loro cosa stesse succedendo. Essi risposero:

"Circa un'ora fa, è arrivato un cobra, è strisciato intorno alle immagini sacre del naga e poi è entrato nel tempio. L'abbiamo seguito con una torcia elettrica, ma non siamo riusciti a trovarlo da nessuna parte. E' impossibile che sia uscito dal tempio senza farsi vedere, e adesso c'è un forte profumo di gelsomino nella parte più interna del tempio."

Dopo la cerimonia, Krishna Shenoy tornò all'Ashram di Amma. Prima che potesse dire qualcosa, Amma gli disse: "Spero che tu sia soddisfatto della mia apparizione al tempio. Sono arrivata lì un bel po' prima di te e poi sono tornata qui." Va da sé che dopo questo episodio la devozione del sig. Shenoy divenne incrollabile e dopo qualche tempo egli venne a stabilirsi permanentemente all'Ashram.

Una mattina, mentre eravamo tutti seduti attorno ad Amma, Sarasamma, una devota che abitava in un villaggio a circa tredici chilometri dall'Ashram, arrivò di corsa e si gettò in grembo ad Amma, piangendo istericamente. Amma rimase seduta, con un sorriso pieno di beatitudine sul volto. Infine Sarasamma si ricompose un po', si mise a sedere e cercò di parlare, ma le parole le morivano in gola. Dopo qualche minuto iniziò a raccontare un'esperienza estremamente interessante che le era capitata il giorno prima. Disse:

"Me ne sono andata dall'Ashram verso le quattro del mattino con mio figlio Madhu, e abbiamo preso l'autobus a Vallickavu. Era ancora buio pesto quando siamo arrivati al nostro villaggio, verso le cinque. Sono scesa alla fermata che credevo essere quella vicino a casa mia ed ero sicura che mio figlio stesse scendendo dall'altra uscita. Subito dopo essere scesa, il bigliettaio ha suonato il campanello e l'autobus è ripartito, lasciandomi nel buio più completo. Mi sono guardata attorno, cercando mio figlio, e mi sono resa conto di essere in una zona solitaria a circa due chilometri da casa. Mio figlio mi ha detto poi che, girandosi, era rimasto sconcertato non vedendomi sull''autobus. Era poi sceso alla fermata successiva ed aveva iniziato a correre verso la zona in cui mi trovavo io, che era piuttosto distante.

"Confusa, senza sapere cosa fare, mi sono venute in mente le parole che Amma mi ha detto prima che me ne andassi: 'stai molto attenta oggi.' Ho stretto forte nella mano destra il *prasad* (normalmente cibo o fiori che vengono benedetti e distribuiti) di Amma. Ho visto un camion fermarsi poco lontano da me. Ne sono scesi sette o otto uomini, che hanno cominciato a camminare verso di me. Forse avevano notato una donna sola scendere dall'autobus in quella zona deserta. Circondata da questi individui dall'aria poco raccomandabile, io tremavo di paura, mentre loro continuavano a farmi domande, usando un linguaggio volgare. Pensavo che mi avrebbero aggredita da un momento all'altro. A quel punto un fuoco terribile è divampato in me. E' questo il destino di coloro che vanno a trovare la Madre Divina? E' questo il risultato di una vita di devozione? Pensieri di questo tipo si agitavano dentro di me, rendendomi indifferente a ciò che mi accadeva intorno. Mi

sono messa ad urlare con tutta la voce che avevo in gola: 'Amma!'
Ciò ha sorpreso non poco i malintenzionati.

"Quello che segue è difficile da spiegare. All'improvviso ed
in modo del tutto inaspettato, è apparsa in cielo, davanti a me, la
forma splendente della Madre Divina, con un numero infinito di
braccia e diverse armi nelle mani. Era seduta su di una creatura
enorme ed il Suo viso, i capelli e la corona erano tali e quali a quelli
di Amma durante il Devi Bhava. Amma aveva assunto la terribile
forma di Kali per salvare la Sua devota! Rendendomi conto di
ciò, ho iniziato a perdere la consapevolezza del corpo. La Madre
Divina ha allungato le braccia verso di me. Guardando la Sua
forma radiosa i miei occhi si sono incantati e hanno incominciato
a gonfiarsi. Mentre la mia lingua cominciava a sporgere all'infuori,
proprio come quella di Madre Kali, ho sentito uno straordinario
potere pervadermi il corpo ed una spaventosa risata uscirmi dalla
gola, tanto che il solo ricordo mi fa venire i brividi. L'aria vibrava
per il suono spettrale di quella risata. I malviventi, che stavano
per saltarmi addosso, sono rimasti interdetti nel vedermi ridere
in modo così terribile, lì, davanti a loro, senza paura, con i capelli
al vento, gli occhi sporgenti e la lingua all'infuori. Forse hanno
pensato che fossi uno spirito maligno, e non un essere umano!
Hanno perso tutto il loro coraggio, hanno cambiato idea e sono
tornati sui loro passi. Sono corsi sul camion e sono ripartiti in
tutta fretta.

"Anche dopo che se ne sono andati, non sono stata in grado
di muovermi. A poco a poco, ho recuperato il mio stato normale
di coscienza e la forma incantevole di Madre Kali è scomparsa. Il
mio corpo era intorpidito, come paralizzato. Dopo alcuni minuti
sono stata in grado di muovermi un po', e anche la lingua mi è
rientrata in bocca, ma non riuscivo ancora a muovere gli occhi,
che erano sempre immobili e sporgenti. Soltanto dopo averli
massaggiati per un po' sono tornati alla normalità. La gola mi

faceva male a causa della fragorosa risata. Mi sono accorta di avere sempre stretto nella mano il prasad di Amma ." Ascoltando questo racconto, Amma rimase lì ferma, con un grazioso ed onnisciente sorriso sulle labbra.

Capitolo 3

Nasce l'Ashram

Nel 1982 l'Ashram di Amma fu registrato ufficialmente come istituzione caritatevole senza scopo di lucro. A quei tempi l'Ashram era costituito da circa dieci persone, Amma inclusa. Quando Gayatri ed io venimmo a stabilirci a Vallickavu all'inizio del 1980, c'era soltanto un *brahmachari*, Unnikrishna, che viveva lì permanentemente. Devoto della Madre Divina, aveva lasciato la sua casa ed era diventato un monaco errante. Nel 1976 divenne il primo figlio spirituale di Amma e continuò a condurre una vita austera, impegnandosi nei riti quotidiani di adorazione della Madre Divina nel piccolo tempio in cui Amma teneva il Devi Bhava tre sere alla settimana. A quei tempi vivevamo tutti in una capanna col tetto di foglie intrecciate, dove ci recavamo per riposare, il che accadeva molto di rado. Vedendo che ad alcune persone era stato concesso di stabilirsi definitivamente presso Amma, anche altri vollero fare lo stesso. Fu in quel periodo che Balu, Venu, Srikumar, Ramakrishnan, Rao ed alcuni altri vennero a vivere lì.

Amma era molto selettiva su chi potesse venire a stabilirsi all'Ashram. Prendeva in considerazione molti fattori: se la famiglia avrebbe sofferto finanziariamente venendole a mancare il sostegno economico da parte del figlio, quanto fossero serie le aspirazioni spirituali di quella persona e quanto profonda fosse la sua relazione con Amma stessa. Amma aveva una visione molto chiara del futuro e dietro ogni sua azione c'era un'intenzione ben precisa. La sua vita era per il bene spirituale del mondo e, per questo motivo, riteneva necessario istruire un gruppo di giovani sulla vita spirituale, discepoli che avrebbe potuto mandare in diverse parti dell'India e del mondo a diffondere la vera spiritualità.

Nel secolo scorso ci fu una grande anima, Sri Ramakrishna Paramahamsa del Bengala, che ebbe una missione simile. Egli usò tutta la sua energia per il progresso spirituale dei suoi devoti, anche a costo della sua salute e della sua stessa vita, ed infine istruì un gruppo di giovani affinché portassero avanti il suo lavoro. Ci sono moltissime persone che lo considerano, come Gesù Cristo, un'Incarnazione del Signore, sceso intenzionalmente sulla terra con uno scopo ben preciso, non semplicemente gettato qui dalla forza del suo *karma* passato. In modo simile, ci sono persone che pensano la stessa cosa di Amma, che lei sia la Madre Divina in persona, scesa sulla terra con la precisa intenzione di elevare spiritualmente il mondo. Il Signore dichiara nella *Bhagavad Gita* che Egli nascerà in questo mondo fisico ogni qualvolta ci sarà bisogno di proteggere il *dharma* (la giustizia) dall'influenza distruttrice del Tempo:

> Ogni qualvolta c'è il decadimento della religione, oh Bharata, ed un'ascesa della non-religione, allora Io mi manifesto. Per proteggere il bene, per distruggere i malvagi, per ristabilire la religione, Io nasco in ogni epoca.

Bhagavad Gita, Capitolo 4, vv.7-8

Amma con Shakti Prasad

Dato che il cambiamento è nella natura stessa del Tempo, il mondo ha bisogno di costante manutenzione spirituale, se così si può dire. E allora il Supremo deve continuare a scendere sulla terra.

Un giorno, nel periodo in cui eravamo ancora in pochi a vivere accanto a lei, Amma parlò dello scopo della sua nascita. Ci disse che avrebbe istruito un vasto gruppo di giovani aspiranti affinché diffondessero la conoscenza spirituale all'umanità. Disse anche che sarebbe venuto il momento in cui avrebbe lei stessa dovuto girare il mondo più volte, per portare pace alle persone che vivevano fuori dal sacro suolo dell'India. Le sue parole stupirono e preoccuparono tutti. Lei non si era mai allontanata dal suo villaggio per più di qualche chilometro e quindi, se avesse dovuto girare il mondo, chi si sarebbe preso cura di lei? E chi si sarebbe preso cura delle persone che vivevano qui con lei? Pensammo che forse Amma stesse semplicemente scherzando.

Fu in questa occasione che Amma rivelò l'unicità di Shakti Prasad, il suo *manasa-putra*, o figlio mentale, come lo chiamava lei. Accennò al fatto che sarebbe diventato molto importante per il bene del mondo, essendo un'Incarnazione parziale della Madre Divina, nato grazie alla volontà di Amma. Nelle sacre scritture indiane è narrata la storia di un saggio di nome Vishwamitra, che creò un mondo affinché il suo devoto Trisankhu ci andasse a vivere. C'è anche una storia nel libro vedantico *Yoga Vasishtha* che racconta la creazione di un mondo ad opera di un saggio-bambino. In un'occasione, quando chiesi ad Amma se gli antichi saggi potessero davvero creare grazie alla loro forza di volontà, come è narrato in queste storie, lei rispose: "Certamente. Non ha forse Amma creato Shakti Prasad?" Questa può sembrare un'assurdità a coloro che non conoscono la storia di Shakti Prasad, ma io non ho dubbi sul fatto che non ci sia un altro bambino nato in circostanze tanto insolite.

I genitori di Shakti erano Vidyadharan ed Omana, che abitavano in un villaggio a circa otto chilometri dall'Ashram. Essi non erano stati allietati dalla nascita di un figlio, sebbene fossero sposati da nove anni. Avendo sentito parlare dei poteri miracolosi di Amma, decisero di fare un tentativo e di chiederle di benedirli con la nascita di un figlio. Arrivarono all'Ashram nel 1977 ma, prima che Omana potesse dire qualcosa, Amma la chiamò e le disse: "Figlia mia, so che vuoi un bambino. Amma ti farà felice, resterai incinta tra quattro mesi, non ti preoccupare." Ed infatti, dopo quattro mesi, Omana mostrava tutti i segni caratteristici della gravidanza. Terminato il quarto mese, andò all'ospedale per una visita di controllo. I dottori confermarono la sua gravidanza. Ma, quale non fu la sorpresa di Omana quando, al nono mese, gli stessi dottori affermarono che nell'utero non c'era nessun bambino! Il mistero era che la pancia era gonfia e dilatata, come quella di una donna sul punto di partorire. Vennero eseguiti diversi esami e tutti diedero esito negativo. Infine fu fatta una radiografia e, con grande sorpresa dei medici, si riscontrò nell'utero solo una vaga forma che somigliava ad una nuvola densa. Omana fu portata in altri ospedali per ulteriori controlli, ma nessun dottore riuscì a stabilire in modo conclusivo se nell'utero ci fosse o no un bambino.

Scoraggiata, Omana andò a trovare Amma, ma lei la consolò: "Fatti coraggio, quel bambino è divino e non ci sono raggi x che possano fotografarlo." I giorni ed i mesi passavano. I vicini di casa prendevano in giro Omana, dicendo che avrebbe partorito un elefante! Omana e suo marito, però, non persero mai la fede in Amma. Fu questa la loro prova più difficile. Infine, al sedicesimo mese di gravidanza, Amma disse ad Omana di andare all'ospedale per il parto. Nonostante la pancia enorme, i medici non riuscivano a scorgere alcun segno del bambino. Dopo essersi consultati a lungo, decisero di ricorrere al parto cesareo. Terminata l'operazione, rimasero sbalorditi nel trovare nell'utero un maschietto in perfetta salute. Amma gli diede il nome di "Shakti Prasad", che significa "Dono dell'Energia Divina."

Shakti incominciò a meditare all'età di tre anni, si metteva seduto e ripeteva "Om Namah Shivaya" ad occhi chiusi. Ogni qualvolta veniva all'Ashram andava direttamente da Amma e si sedeva vicino a lei, offrendo fiori ai suoi piedi. Un giorno alcuni visitatori gli chiesero, prendendolo in giro: "Ehi, a cosa pensi quando chiudi gli occhi?" Lui ribatté: "Che cosa volete saperne? Vedo una bellissima luce di tanti colori nel mezzo della fronte!" Amma dice che, quando arriverà il momento, toglierà il leggero velo d'ignoranza che ha lasciato nella sua mente, in modo che lui possa scoprire di essere una cosa sola con Dio. Sarà allora che si rivelerà la sua vera grandezza, e che inizierà il suo lavoro nel mondo.

Dopo aver spiegato queste cose, Amma sorrise. Uno dei ragazzi seduti lì vicino disse: "Accidenti, Amma, hai proprio un bel piano." Amma lo guardò con un'espressione divertita sul volto e disse: "Grazie, sono contenta che approvi!"

Uno degli abitanti del villaggio, di nome Bhargavan, era un visitatore abituale dell'Ashram: veniva all'Ashram per ogni Bhava Darshan, ed era totalmente convinto che in quelle occasioni l'anima di Krishna entrasse nel corpo di Amma. Questa non era un'idea tanto insolita, perché tali credenze sono parte integrale della vita spirituale delle persone che vivono in villaggi come quello di Amma. La gente comune non ha idea di cosa sia la Realizzazione del Sé, o la Visione di Dio. Vedono Dio come qualcuno che può ascoltare le loro preghiere ed esaudire i loro desideri. Anche se pensano che Dio sia onnipresente, credono che sia più facile avvicinarlo in un tempio, e che Dio gradisca delle offerte rituali. Se gli si offrono le cose che Gli piacciono, allora

Egli sarà più disposto a concedere ai devoti quello che vogliono: questa è la semplicità delle credenze degli abitanti dei villaggi. Non li sfiora nemmeno l'idea che Dio risieda nel cuore di tutti, essendo la Realtà Interiore al di là dell'ego individuale. Quindi, l'unico modo in cui potevano interpretare il comportamento altamente insolito di Amma era credere che Dio la possedesse temporaneamente durante i Bhava Darshan. Pertanto, quando Bhargavan veniva al Darshan, era convinto di trovarsi di fronte a Krishna stesso, e non aveva la minima idea della grandezza spirituale di Amma. Pensava che fosse soltanto una ragazza di villaggio molto fortunata.

Un giorno disse ad Amma che stava andando al famoso tempio di Guruvayur, dedicato a Krishna, che si trova a circa duecento chilometri dall'Ashram, in direzione nord. Amma gli disse: "Sarai in grado di vedere Krishna, lì?" "Certo, altrimenti perché andrei tanto lontano?" rispose lui. Quindi partì e giunse a Guruvayur in serata ma, sfortunatamente, si era dimenticato gli occhiali, per cui non riuscì a vedere l'immagine del Signore, ma solo una forma sfocata. Tornò a casa deluso e andò al Darshan di Amma durante il Krishna Bhava. Sorridendo in modo birichino, Amma gli disse: "Ti sei dimenticato gli occhiali? Visto che sono *qua*, perché sei andato *là* per vederMi?" Ovviamente da quel momento in poi Bhargavan perse ogni interesse a visitare i templi.

Se si voleva vedere com'era stato il Signore Krishna, bastava osservare Amma durante il Krishna Bhava. Il nome Krishna significa "colui che attrae" e si dice che Lui fosse il più affascinante degli esseri. Si aveva questa stessa impressione guardando Amma durante il Krishna Bhava. Sembrava un misto di onniscienza e di birichinata. Offriva un pezzo di banana a qualcuno e quando la persona stava per addentarlo , Amma lo ritraeva all'improvviso! Questo, naturalmente, faceva scoppiare a ridere tutti i presenti, ma nessuno si imbarazzava, perché non era forse Dio stesso che

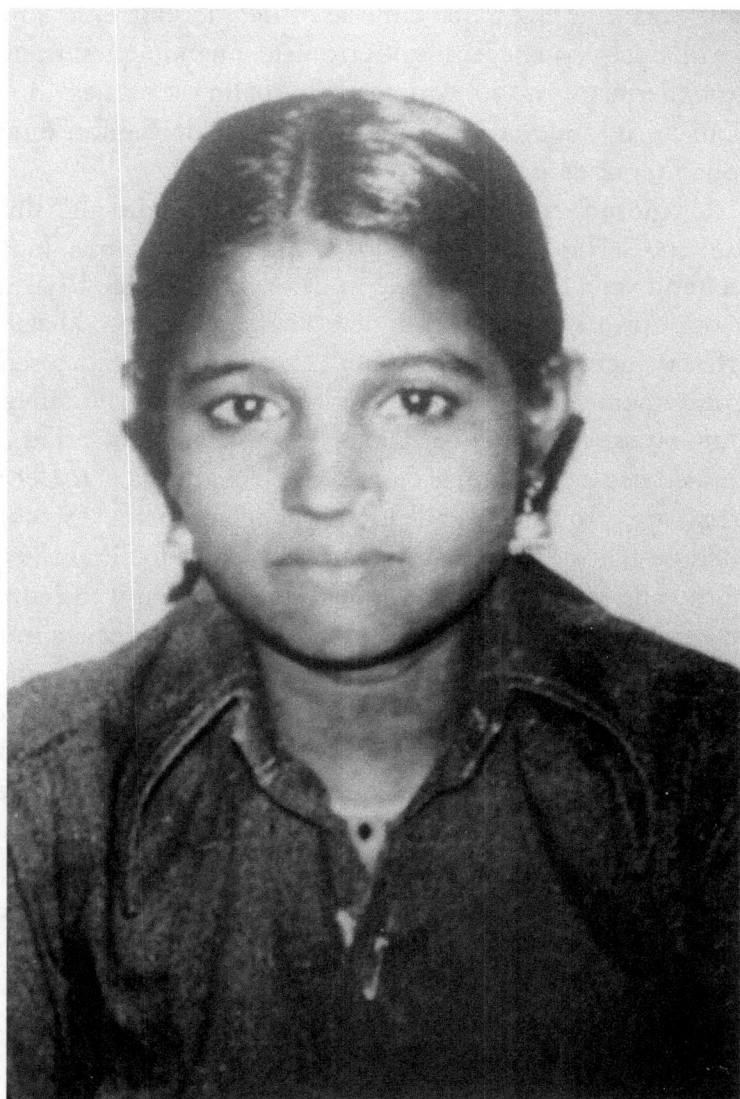

partecipava al gioco? A volte versava un po' di acqua benedetta in bocca a qualcuno e continuava a versare finché l'acqua non traboccava a terra. Se qualcuno le offriva del burro, lei lo porgeva alla persona che le stava di fronte e, quando questa cercava di prenderne un morso, Amma glielo spalmava sul naso! Le sue azioni corrispondevano ai racconti dei giochi del Signore durante la Sua infanzia a Brindavan.

Un giorno, un paio di mesi dopo esserci stabiliti all'Ashram, Balu, uno dei brahmachari, ed io eravamo nella capanna. Io stavo ascoltando con la cuffia una registrazione di un canto di Amma, quando Amma entrò e incominciò a cantare lo stesso bhajan, in perfetta sincronia con la cassetta. Non avrebbe potuto sentire assolutamente niente provenire dalla cuffia, perché tenevo il volume bassissimo. La guardai con un'espressione stupefatta e le chiesi come faceva a sapere cosa stessi ascoltando. Lei mi fece un sorriso furbetto e andò dall'altra parte della capanna. Sembrava che stesse giocando con un asciugamano, cercando di avvolgerselo attorno alla testa. Infine, si voltò verso di noi con il turbante in testa e ci guardò. Che sorpresa quando vedemmo che era in Krishna Bhava! Un attimo dopo si voltò di nuovo, poi si girò ancora verso di noi: era tornata ad essere quella di sempre. Fu dopo questo avvenimento che ci convincemmo che i *Bhava* (stati d'animo) Divini di Amma sono completamente nelle sue mani, e che lei li rivela quando e come vuole. Fino a quel momento Amma ci aveva innocentemente fatto credere che i suoi Bhava fossero nelle mani di Dio. Quel giorno scoprimmo il suo segreto: che lei ed il Signore sono una cosa sola. In uno stato d'animo insolito, Amma ci disse: "Se volete vedere il Krishna che viveva cinquemila anni fa a Brindavan, potete vederlo qui (indicando se stessa). La Madre Divina ed il Signore Krishna risiedono entrambi in questa matta!"

Capitolo 4

I primi discepoli

Alcuni mesi prima del mio incontro con Amma alla fine del 1979, Balu (adesso Swami Amritaswarupananda Puri) andò da Amma per la prima volta. A quei tempi era uno studente liceale, con uno spiccato talento per la musica e la recitazione. Aveva sentito dire che a Vallickavu c'era qualcuno dotato di poteri divini, così un giorno andò a constatare di persona. Di natura devozionale fin dall'infanzia, fu profondamente commosso dal fervore con cui Amma cantava per Dio. Amma comprese immediatamente che lui sarebbe rimasto con lei. Quando Balu andò al darshan non riuscì a trattenere le lacrime, tanto fu sopraffatto dal puro affetto materno di Amma. Rientrò a casa dopo il darshan, ma da quel momento in poi non fu mai più lo stesso. Pensava costantemente ad Amma e fu preso dall'ardente desiderio di rivederla. Questa è una caratteristica costante di tutti i devoti molto vicini ad Amma.

Una notte Balu si svegliò sentendo un profumo divino nella stanza. Subito dopo sentì che qualcuno gli stava accarezzando gentilmente la fronte, e rimase sbalordito nel vedere che si trattava di Amma. Lei gli sorrise e gli disse: "Figlio mio, Amma è sempre con te. Non ti preoccupare." Prima che lui potesse dire una parola, lei scomparve.

Ovviamente Balu non riusciva a credere ai suoi occhi. Il mattino dopo si precipitò a Vallickavu per avere conferma dell'autenticità della sua visione, ma rimase deluso quando scoprì che Amma non c'era. Aspettando il suo ritorno, non mangiò niente per tutto il giorno. Quando la sera infine lei tornò, andò dritta in cucina e tornò fuori con un piatto di riso che diede da mangiare a Balu con le sue stesse mani. Poi gli disse: "Figlio mio, la notte scorsa Amma è venuta a trovarti." Sentendo queste parole, Balu fu sopraffatto dall'affetto di Amma nei suoi confronti, e scoppiò a piangere.

Balu venne a stabilirsi all'Ashram circa nello stesso periodo in cui arrivammo Gayatri ed io. Amma lo sottoponeva a prove severe per vedere se davvero era disposto a rinunciare a tutto per dedicarsi alla vita spirituale. Lo mandò a lavorare ad un'ottantina di chilometri dall'Ashram, dicendogli di stare a casa di un devoto. Balu vi rimase solo per qualche settimana e poi tornò all'Ashram, rifiutandosi di riprendere il lavoro. Amma allora decise di fargli prendere la laurea in filosofia. Dopo molte ricerche, Balu trovò un professore disposto a dargli ripetizioni, ma quest'uomo non era propenso a venire all'Ashram. Dopo molte insistenze, egli accettò di andarci, ma non voleva assolutamente vedere Amma. Durante un Devi Bhava, Balu lo lasciò solo fuori dal tempio per andare a cantare davanti ad Amma e immaginate la sua sorpresa quando vide il professore precipitarsi nel tempio e prosternarsi ai piedi di Amma! Va da sé che da quel giorno in poi il professore venne regolarmente all'Ashram a dare lezioni di filosofia a Balu e a ricevere il darshan di Amma. Balu in seguito ottenne la laurea.

Venu (adesso Swami Pranavamritananda Puri) era il fratello minore di Balu. Quando sentì parlare di Amma, non fu affatto interessato ad incontrarla. Con tono sdegnoso disse: "Non voglio andare a conoscere quella figlia di pescatori." Quando le riportarono quello che lui aveva detto, Amma commentò: " Anche lui è mio figlio e verrà qua." Le parole di Amma preoccupavano Balu, perché in casa sua c'era già una notevole agitazione per il fatto che lui aveva rinunciato alla vita nel mondo per stabilirsi all'Ashram. Cosa sarebbe successo se un altro figlio avesse fatto la stessa cosa?

Un giorno Amma si recò a far visita alla zia di Balu, dove Venu abitava nel periodo degli studi. Vedendola, Venu le passò davanti, ignorandola completamente. Senza far caso alla sua maleducazione, Amma gli andò vicino e, stringendogli le mani fra le sue, gli disse con tono amorevole: "Non sei il fratello di mio figlio Balu? Amma aveva un gran desiderio di conoscerti." Le barriere di Venu crollarono immediatamente davanti all'innocente affetto materno di Amma. Guardandoci sorridendo l'un l'altro, noi sussurrammo: "E' fatta. E' spacciato!" E difatti, era spacciato. Anche se in un modo o nell'altro riuscì a finire gli studi e passare gli esami, Venu aveva ormai perso ogni interesse per la vita nel mondo: animato da uno spirito di rinuncia, si tagliò i capelli a zero e venne a risiedere all'Ashram.

Srikumar (Swami Purnamritananda Puri) viveva in un villaggio ad una quindicina di chilometri da quello di Balu. Sentì parlare di Amma e venne ad incontrarla nel 1979. Era un periodo cruciale della sua vita, perché la sua mente era assalita da dubbi riguardo all'esistenza di Dio. "Se Dio esiste, allora perché in questo mondo poche persone sono felici, mentre la maggioranza soffre?" Questo pensiero lo tormentava, così Srikumar pensò che Amma gli potesse dare una risposta. Vedendo Amma ed il suo sguardo pieno d'amore, e sentendo la presenza divina e l'atmosfera sacra che la circondava, la sua mente si immerse nella beatitudine. Rimase però anche sconcertato dal comportamento davvero insolito di Amma. A volte lei si comportava come una bambina piccola ed innocente e giocava con i devoti. A volte cantava e ballava, e a volte piangeva nell'estasi del desiderio di Dio. Un momento prima era profondamente assorta in meditazione, ed un attimo dopo si rotolava a terra ridendo. Appena Srikumar arrivò, Amma lo nutrì con le sue stesse mani e lo istruì sui principi spirituali. La sua santità, il suo amore materno ed il suo comportamento insolito ed estatico lo legarono a lei.Non molto tempo dopo Srikumar decise di stabilirsi presso di lei, ma all'inizio ciò non fu possibile, perché i suoi genitori non erano disposti a lasciarlo andare. Era figlio unico e loro si aspettavano che si sarebbe preso cura di loro nella vecchiaia; quindi, dopo la laurea, lo mandarono a lavorare lontano da casa.

Il suo destino fu simile a quello di Balu: non poteva proprio resistere lontano da Amma. A Bangalore condusse un'esistenza infelice, svolgendo il suo lavoro distrattamente e pensando continuamente ad Amma. Un mese dopo tornò a casa con la febbre altissima e fu portato immediatamente all'ospedale. Sdraiato in un letto d'ospedale, ebbe la seguente esperienza:

"Mio padre era uscito a prendermi una tazza di caffè. Ero solo nella stanza quando ad un tratto sentii che le mani ed i piedi mi si erano come paralizzati. Sentii una brezza fresca e gentile e, con mia grande sorpresa, vidi Amma entrare nella stanza. Con un dolce sorriso sul viso, venne verso di me. Incominciai a piangere come un bambino. Lei allora si sedette vicino a me e mise la mia testa sul suo grembo, senza dire una parola. Io ero sopraffatto dall'emozione, e le parole mi morivano in gola. Amma era circondata da una luce divina, che pervadeva tutta la stanza. In quel momento, la porta si aprì ed entrò mio padre. A quel punto Amma scomparve." In seguito Srikumar andò a stabilirsi permanentemente all'Ashram.

Ramesh Rao (Swami Amritatmananda Puri) era il figlio prediletto di un ricco mercante di stoffe e lavorava nel negozio di suo padre. Ma il ritmo lento della vita del suo villaggio non gli interessava. Desiderava andare a lavorare nel Golfo Persico e stava cercando di ottenere un lavoro lì, quando sentì parlare dei poteri divini di Amma. Fu nel giugno del 1979 che venne a Vallickavu per la prima volta, per cercare di sapere qualcosa sul suo futuro. Non aveva la più pallida idea di tutti i cambiamenti che la vita aveva in serbo per lui. Prima di poter dire qualcosa ad Amma, lei gli disse: "Figlio mio, tu stai cercando di attraversare l'oceano. Amma lo renderà possibile, se lo desideri. Non_preoccuparti."

Queste parole furono l'inizio della fine dell'esistenza mondana di Rao, e il principio di quella spirituale. Egli tornò a casa e cercò di dedicarsi al suo lavoro, ma si rese conto di non riuscire a concentrarsi; l'unica cosa che voleva era rivedere Amma. Questo desiderio divenne così intenso che spesso egli chiudeva il negozio anticipatamente e si precipitava a Vallickavu. Cominciò a fare molti sogni sulla Madre dell'Universo, che gli appariva nella forma di Amma. Giorno dopo giorno la sua inquietudine cresceva, insieme al desiderio di realizzare Dio. Cosa c'è di strano in questo? In presenza di Amma, la mente si dirige spontaneamente verso Dio e verso pensieri divini.

Un giorno, mentre era seduto accanto ad Amma, Rao perse del tutto la consapevolezza esterna e, per oltre cinque ore, fece l'esperienza di essere un bambino di due anni che fluttuava nell'Oceano della Beata Madre Divina. Amma infine lo chiamò e lo riportò in questo mondo di nomi e di forme. Dopo quest'esperienza, Rao perse quel po' di desiderio che gli era rimasto per i piaceri del mondo. Smise di recarsi al negozio e passava intere settimane con Amma e gli altri devoti. Ciò ovviamente causò molta agitazione in seno alla sua famiglia. Anche se quasi tutti in India sanno che la Realizzazione del Sé è il vero scopo della vita, molto raramente i genitori vogliono che i loro figli diventino rinuncianti e dedichino la loro vita a questo scopo sublime. Essi pensano che bisognerebbe godersi le gioie del matrimonio, accumulare ricchezza e possedimenti e poi, da anziani, praticare la *sadhana* spirituale. Essi dimenticano, però, che una volta arrivati alla vecchiaia (se non si muore prima!) la mente si sarà così cristallizzata sulle sue abitudini che sarà del tutto impossibile farla concentrare su Dio. Come si fa a concentrarsi su Dio dopo essersi interessati agli oggetti materiali per settant'anni?

Molti anni fa in India i bambini venivano allontanati da casa da piccoli per essere mandati nel *gurukula* (la casa o l'ashram di un maestro tradizionale). Lì essi studiavano e recitavano le sacre scritture, servivano in modo disinteressato gli anziani e il proprio maestro, praticavano il controllo dei sensi e conducevano una vita semplice e nobile. Solo dopo dodici anni di questa vita disciplinata potevano sposarsi, se lo desideravano, e godersi la ricchezza materiale e i piaceri del mondo. Ma anche in quel caso, non abbandonavano lo studio delle scritture, le pratiche spirituali ed il controllo di sé. Dopo aver generato figli virtuosi, intorno ai cinquant'anni si era soliti lasciare la vita di famiglia e andare a vivere in un ashram o in una foresta, dedicando il resto della propria vita ad una pratica spirituale finalizzata alla realizzazione di Dio. Se si erano create delle solide fondamenta in gioventù, e queste erano state mantenute durante la vita matrimoniale, non era molto difficile operare la transizione verso una vita di completa rinuncia e controllo di sé. Questa era la vita ideale ai tempi antichi. Oggigiorno nessuno segue una formazione di questo tipo. Condurre una vita di tipo materiale per settant'anni, pregare un po', andare ogni tanto al tempio e poi aspettarsi di poter concentrare la propria mente su Dio e infine di fondersi in Lui è una prospettiva un po' troppo ottimista! Se bastasse questo per raggiungere la Realizzazione del Sé, perché mai così tante persone si sforzerebbero incredibilmente per tutta la vita per controllare questa mente vagabonda e fissarla sul Supremo?

Visti i valori predominanti del mondo odierno, non c'è da stupirsi che i genitori di Rao non fossero disposti a lasciarlo diventare monaco, perché era chiaro che stesse procedendo velocemente in quella direzione. Amma disse a Rao di tornare a casa e di chiedere ai suoi genitori il permesso di venire a vivere all'Ashram. Era come dire ad un topolino grassoccio di chiedere il permesso di andarsene a due gatti grossi e affamati! "Amma, mi creeranno problemi, se vado a casa adesso" protestò Rao. "Un uomo coraggioso può superare ogni difficoltà" rispose Amma con calma. Amma non era disposta ad accettare che Rao intraprendesse la vita monastica così facilmente. Lui aveva avuto una forte attrazione per la vita mondana prima di arrivare da lei e Amma voleva essere sicura che avesse la stoffa per diventare monaco, prima di permettergli di rinunciare per sempre al mondo. Amma è così saggia e a volte apparentemente crudele!

I genitori di Rao, una volta che lui fu tornato a casa, lo trattennero con la forza. Vedendo che il suo comportamento non cambiava, decisero che il suo improvviso interesse per la spiritualità poteva essere dovuto a qualche forma di malattia mentale. Dopo un trattamento di dieci giorni in un ospedale psichiatrico, i suoi genitori lo portarono da alcuni parenti in un villaggio remoto, cercando di tentarlo con vari stratagemmi, comprese le lusinghe di una ragazza, ma lui resistette a tutte le tentazioni. Rao scrisse ad Amma: "Se Amma non mi salva, mi ucciderò!" Un mese dopo gli fu permesso di tornare al suo paese, poiché sembrava che la "pazzia" fosse scomparsa. E' triste, ma allo stesso tempo non sorprende più di tanto che le persone del mondo pensino che l'amore per Dio ed il desiderio di farne l'esperienza diretta siano qualcosa di anormale. Le gemme dell'umanità sono state quelle persone che hanno manifestato devozione a Dio nella vita quotidiana. Abramo Lincoln, Albert Einstein, il Mahatma Gandhi sono considerati grandi uomini da tutti. Eppure questi uomini davano tutto il merito a Dio per quel po' di grandezza che gli veniva riconosciuta; essi erano umili devoti del Signore. Chissà perché allora la gente del mondo pensa che una completa devozione a Dio sia un'aberrazione della mente? Non dice forse l'Antico Testamento di amare Dio con tutto il cuore, con tutta l'anima e con tutta la mente? Chi è folle, colui che ama Dio o colui che non rivolge nemmeno un pensiero a Dio? Il potere di Maya, l'Illusione universale, è tale che la gente vede tutto al contrario.

Dopo essere tornato al suo paese, Rao andò ancora una volta all'Ashram. Amma insistette che tornasse a casa finché i genitori non gli avessero dato di loro spontanea volontà il permesso di venire a stare all'Ashram. Ciò era impensabile per Rao, che restò all'Ashram. Dopo qualche giorno, suo padre, i suoi parenti ed un furgone pieno di poliziotti arrivarono all'Ashram. Mentre cercavano di portarlo via, Rao dichiarò di essere grande abbastanza per decidere dove e come passare la sua vita, ma i poliziotti non gli diedero retta e lo fecero salire su una macchina, con l'intenzione di riportarlo all'ospedale psichiatrico.

Aveva Amma abbandonato questo suo figlio indifeso? Assolutamente no. Sulla strada per l'ospedale, a un certo punto tutti scesero dalla macchina per andare a mangiare qualcosa. Rao rifiutò di unirsi a loro e rimase seduto in macchina. Fu in quel momento che sentì una voce dentro di lui che diceva: "Se scappi adesso sarai salvo, altrimenti ti distruggeranno!" Un attimo dopo vide un rickshaw fermarsi davanti alla macchina. Senza perdere tempo vi salì e chiese al conducente di portarlo a casa di un devoto che abitava in quella città. Quella sera stessa prese un treno per Bombay, ma venne rintracciato, così si mise in viaggio verso l'Himalaya. Rimase nella zona dell'Himalaya per molti mesi, mendicante senza un soldo, senza nemmeno un vestito pesante. Infine, Amma gli scrisse una lettera dicendogli che il pericolo era passato e che poteva ritornare all'Ashram. Con i soldi che gli erano stati mandati dagli ashramiti, Rao ritornò e si stabilì all'Ashram nel 1982, solo dopo che il suo coraggio era stato messo duramente alla prova da Amma. Adesso lei poteva essere sicura che egli avrebbe mantenuto la sua risoluzione fino alla fine. Questa è la determinazione che si dovrebbe avere per superare tutti gli ostacoli e realizzare la Verità suprema, Dio.

Ramakrishnan (Swami Ramakrishnananda Puri) incominciò ad andare da Amma nel 1978. A quei tempi era un impiegato di banca. Fin dall'inizio l'amore di Amma gli sciolse il cuore, e lo legò a lei. Il suo aspetto preferito di Dio era la Madre Divina Minakshi, com'è rappresentata nel famoso tempio a lei dedicato a Madurai, nel Tamil Nadu. Per il suo intenso desiderio di avere una visione di Minakshi, Amma gli fece la grazia di concedergli molte visioni della Devi. Ciò che non è possibile raggiungere nemmeno dopo anni di continuo sforzo, si ottiene facilmente tramite la grazia di un'Anima Realizzata.

Amma mise spesso alla prova la fede di Ramakrishnan, sia prima che si trasferisse permanentemente all'Ashram, nel 1984, che dopo. Mentre il Guru è sempre consapevole della propria onnipresenza ed onnipotenza, il discepolo non lo è. Spetta al Guru infondere questa fede nel discepolo, in modo che la sua sadhana proceda con intenso zelo e sicurezza. Ramakrishnan aveva il compito di aprire ogni mattina la cassaforte blindata nella banca in cui lavorava, e quindi doveva essere al lavoro alle dieci in punto. La sua banca distava un centinaio di chilometri dal villaggio di Amma. Un lunedì mattina, dopo esser stato al Darshan della domenica, Ramakrishnan prese l'autobus per recarsi al lavoro. L'autobus, però, si fermò in una zona a circa dodici chilometri dalla sua destinazione. Quando Ramakrishnan si informò sull'orario dell'autobus successivo si preoccupò moltissimo, rendendosi conto che non sarebbe riuscito ad arrivare al lavoro prima delle dieci. Cercò allora un taxi, ma non lo trovò. Preoccupato e in preda all'agitazione, chiamò ad alta voce: "Oh Amma!" sperando che lei avrebbe trovato una soluzione. Dopo tutto, la sera prima si era recato all'Ashram per devozione, per servirla durante il Devi Bhava. Prendersi cura di lui non era forse il dovere di Amma? Qualche attimo dopo, uno sconosciuto su una motocicletta si fermò accanto a lui e gli offrì un passaggio fino al paese a cui era diretto. Così, arrivò in banca esattamente alle dieci in punto! Quando raccontò ad Amma questo miracolo, lei disse: "Chiedere aiuto una volta sola è sufficiente, se lo si fa con concentrazione. Dio verrà."

Un giorno Amma disse a Ramakrishnan con tono serio: "Ci sono alcuni uomini che continuano a guardare le ragazze anche dopo aver intrapreso una vita di rinuncia." Ramakrishnan le chiese: "Chi, Amma?" "Tu!" rispose lei. "Io? Amma mi rimprovera anche se sono innocente", obiettò lui.

"Non c'è forse una donna che lavora alla scrivania vicino alla tua e che porta un orecchino al naso, e non è forse vero che tu la guardi tutti i giorni? Ma non preoccuparti, figlio mio, so che la guardi perché assomiglia a me" replicò Amma ridendo.

Dopo che Ramakrishnan se ne fu andato per recarsi al lavoro, Amma mi raccontò l'accaduto e disse ridendo: "Oggi Ramakrishnan ha avuto un assaggio delle siddhi (poteri mistici) di Amma!"

Questi erano alcuni dei discepoli di Amma destinati a diventare sannyasi, o rinuncianti. Uso la parola "destinati" perché tali persone non procrastinano né fanno dei calcoli prima di lasciare la vita del mondo per una vita di rinuncia. Essi semplicemente non vedono alcuna alternativa. Non accettano e non tollerano nessun altro stile di vita. Ciò non deve indurci a credere che le persone sposate, o coloro che non sono monaci, non possano raggiungere la vera spiritualità. Una volta ho sentito Amma dire le seguenti parole ad un gruppo di devoti sposati:"Una persona sposata può senz'altro raggiungere la Realizzazione, ma deve essere un vero *grihasthashrami* (una persona che conduce la vita matrimoniale in modo corretto): anche se è in famiglia, dovrebbe condurre una vita da ashramita, vivendo soltanto per Dio. Questo è il vero *grihasthashrama*, la vera vita matrimoniale. E' possibile condurre una vita spirituale anche vivendo nel mondo, a condizione di compiere le proprie azioni in modo disinteressato, senza attaccamento, abbandonando ogni cosa ai piedi di Dio. Tutte le proprie azioni devono essere compiute con la massima dedizione. La persona sposata deve usare costantemente il suo discernimento, pensando: 'Ogni cosa è di Dio, niente mi appartiene. Soltanto Dio è il mio vero Padre, Madre, Parente ed Amico.'

"Una persona sposata che desidera condurre una vita spirituale dopo aver completato le sue responsabilità nel mondo dovrebbe praticare la rinuncia fin dall'inizio, perché non è una cosa che avviene spontaneamente. La rinuncia richiede una pratica costante e a lungo termine. Si può non essere in grado di rinunciare ad ogni cosa esternamente, ma bisogna cercare di essere distaccati all'interno. Per mantenere questo spirito di distacco interiore è importante *lakshya bodha* (una mente orientata verso la spiritualità).

"Interiormente una persona che vive in famiglia deve essere un sannyasi. Amma non dice di sfuggire ai propri doveri e responsabilità, anzi, questi dovrebbero essere compiuti nel miglior modo possibile. Fuggire le responsabilità della vita è segno di codardia. Una persona che è in fuga dalla vita non è adatta a percorrere il sentiero spirituale. Questa è la ragione per cui Krishna non ha permesso ad Arjuna di fuggire dal campo di battaglia. La vita è una battaglia. Non è qualcosa da evitare. Per di più, non può essere evitata. Potrete rifugiarvi in una foresta remota o in un ashram per fuggire dalla vita, ma la vita vi raggiungerà anche lì. Proprio come non si può sfuggire alla morte, così non si può sfuggire alla vita: possiamo solo provare a trascenderle. Quindi, una persona intelligente non cerca di sfuggire alla vita, ma la vive con buon senso.

"Il modo saggio di vivere è di avere delle buone fondamenta spirituali. Cercate di essere distaccati, per quanto vi è possibile, per prepararvi gradualmente ad una rinuncia totale. Visto che la maggior parte delle persone non sono dei sannyasi, esse dovrebbero interpretare il loro ruolo nel mondo nel miglior modo possibile.

"Mostrare compassione verso l'umanità sofferente è il nostro dovere verso Dio. La nostra ricerca spirituale dovrebbe incominciare con il servizio disinteressato al mondo intero. Si resterà delusi se ci si aspetta che, quando ci si siede in meditazione, si apra il terzo occhio dopo aver chiuso gli altri due. Questo non succederà. Non possiamo chiudere gli occhi davanti al mondo in nome della spiritualità ed aspettarci di evolvere. La Realizzazione spirituale consiste nel percepire l'Unità guardando il mondo con gli occhi aperti.

"Sia che si tratti di una persona sposata o di un sannyasi, la rinuncia è un mezzo per arrivare al fine. Interiormente una persona che fa vita di famiglia deve essere un sannyasi. Esternamente deve essere attivo, compiere il suo dovere in modo preciso e responsabile. Preparatevi all'abbandono finale conducendo una vita spirituale mentre fate una vita di famiglia.

"Un sannyasi è colui che ha dedicato tutta la sua vita, sia esternamente che interiormente, agli altri, al bene del mondo. Un *grihasthashrami* è colui che esternamente conduce una vita di famiglia, ma interiormente è un sannyasi.

"Una persona sposata può forse non essere in grado di rinunciare troppo facilmente a cose materiali, ma deve comunque cercare di rendere tranquilla la mente. La mente di una persona che conduce una vita di famiglia tende ad essere piena di rumori, con tutti i problemi che la disturbano da ogni direzione. Amma sa che è molto difficile trascendere questi problemi che fanno rumore nella nostra mente. Ma non è impossibile raggiungere il silenzio interiore. La maggior parte degli antichi Maestri conducevano una vita di famiglia. Loro ci sono riusciti. Erano anche loro degli esseri umani. Se ci sono riusciti loro, ci possiamo riuscire anche noi. "Il potenziale per essere un vero rinunciante esiste in ognuno. Può darsi che sia latente, ma esiste. Il seme non germoglierà da solo; bisogna seminarlo, recintarlo per difenderlo dagli animali di passaggio, proteggerlo dal troppo sole o dalla troppa pioggia, innaffiarlo a sufficienza e prestargli le cure dovute. Crescerà allora fino a diventare un albero enorme, che riparerà dal sole e produrrà fiori e frutti in abbondanza. E' necessario questo tipo di sforzo per raggiungere la meta. I santi ed i saggi hanno compiuto *tapas* e in questo modo sono arrivati alla meta. Anche noi dobbiamo cercare di arrivare alla destinazione finale con la stessa costanza e tenacia.

"Sri Krishna era sposato. Aveva molte responsabilità, ma era la personificazione del distacco. Anche Sri Rama era sposato e, oltretutto, era anche un re. Era la personificazione del dharma. Il Re Janaka era un re ed un uomo sposato. Anche lui era un *Jivanmukta*, un'Anima Liberata. Tutti loro hanno trovato il tempo di compiere tapas e di condurre una vita spirituale, anche in mezzo alle responsabilità di corte e ad altri problemi. Se diciamo di non aver tempo a causa dei nostri problemi e delle responsabilità di famiglia, questa è solo una scusa; in realtà significa che non desideriamo veramente seguire il cammino della spiritualità.

"Un grihasthashrami dovrebbe essere in grado di rinunciare a qualsiasi cosa in qualsiasi momento. Deve essere come un uccello che si è posato su un ramo secco. L'uccello sa che il ramo si può spezzare da un momento all'altro e, quindi, è sempre pronto a spiccare il volo. Allo stesso modo, una persona che conduce vita di famiglia dovrebbe sempre avere la consapevolezza che le relazioni nel mondo sono temporanee e possono finire da un momento all'altro. Come l'uccello, dobbiamo essere pronti a rinunciare a tutti i legami e a fare il salto nella spiritualità. Dobbiamo avere la fede incrollabile che tutte le azioni che compiamo sono qualcosa di temporaneo che ci è stato affidato da Dio. Come servitori fedeli, dobbiamo compiere il nostro dovere senza il senso del possesso. Quando Dio, o il Maestro, ci chiede di fermarci, dobbiamo essere in grado di farlo. Dobbiamo sapere che niente ci appartiene. Una persona sposata deve essere in grado di rinunciare a tutti i piaceri e ai comfort materiali da un momento all'altro, deve compiere il suo dovere nel mondo considerandolo una sadhana, come un'offerta a Dio.

"Rimanete nelle vostre case, ma restate in contatto con il vostro vero Sé, il vero centro dell'esistenza. Seguite le istruzioni di un vero Maestro. Riconoscete la prigione in cui vi trovate per quello che è, e comprendete che non è la vostra vera casa, e che i vostri attaccamenti non sono gioielli, ma catene. Un vero Maestro vi aiuterà a comprendere tutto questo. Una volta arrivati a questa realizzazione, non importa se si è a casa o in un ashram. Non importa cosa fate o dove siete, non potete più allontanarvi dal vostro vero Centro.

Capitolo 5

Amma nel ruolo di Guru

N el periodo in cui la maggior parte di noi venne a stabilirsi ai piedi di Amma, il suo comportamento era a volte quello di una bambina, a volte quello di una mamma. Talvolta si comportava come una ragazzina, correva di qua e di là, ballava e giocava con gli altri bambini, si riposava sotto gli alberi, mangiava cose che trovava per terra e si sdraiava all'aperto sotto la pioggia. Nel suo ruolo di mamma, invece, era affettuosa con tutti e non insisteva su nessun tipo di disciplina. Ci nutriva con le sue stesse mani, si assicurava che avessimo qualcosa su cui dormire, ci confortava quando stavamo male o avevamo un problema, e vegliava sempre su di noi. Ma dopo qualche tempo Amma dichiarò che presto il suo ruolo sarebbe cambiato e avrebbe incominciato a trattarci come un Guru tratta i suoi discepoli. Questa notizia mi fece molto felice. Era da tempo che desideravo che attorno ad Amma si creasse un'atmosfera "da ashram". Nel giro di poco tempo l'aspetto innocente ed infantile di Amma praticamente scomparve, la sua natura materna finì in secondo piano e lei divenne l'Insegnante. Amma poteva identificarsi in qualsiasi ruolo decidesse di assumere. Durante il Krishna e il Devi Bhava era la personificazione di quegli aspetti di Dio. Quando era nello stato d'animo di una bambina si comportava proprio come una bambina. Sapeva essere più materna di qualsiasi madre. Adesso Amma era divenuta il Guru dei guru. Che cosa c'è di strano in questo? E' per Grazia della Madre Universale che tutti i grandi Guru sono diventati tali. Quando la Devi decide di interpretare quel ruolo, è per lei un gioco da ragazzi.

Verso la fine di novembre del 1982, ci recammo con Amma a Tiruvannamalai per un pellegrinaggio di dieci giorni. Era la prima volta che Amma si allontanava dal villaggio per così tanto tempo, ed era anche la prima volta che non ci sarebbero stati il Devi e il Krishna Bhava da quando avevano preso il via, nel 1975. Prendemmo un treno un lunedì mattina, dopo il darshan della domenica, e arrivammo il giorno seguente. Eravamo una cinquantina, e alloggiavamo nelle due case che io avevo costruito nel periodo in cui abitavo lì. Amma di giorno dava il darshan in casa, e vi prendevano parte molti devoti che abitavano nelle vicinanze. La sera Amma cantava canti devozionali nel Ramanashram, di fronte alla tomba, anche detta *samadhi*, di Ramana Maharshi. Un giorno Kunju Swami, un sannyasi, venne a conoscere Amma. Era originario del Kerala ed era stato un discepolo del famoso santo Narayana Guru, vissuto all'inizio del secolo. Narayana Guru lo aveva portato a Tiruvannamalai e lo aveva affidato a Ramana Maharshi, perché lo guidasse spiritualmente. Adesso aveva ormai superato l'ottantina, ma Amma lo trattava come un bambino di cinque anni, e lui si divertiva proprio come un bambino con sua madre. Quando si sedette a meditare, Amma gli mise la mano sulla testa rasata e si mise a danzare, girandogli attorno. Un mio amico mi disse che, quando avevo lasciato Tiruvannamalai nel 1980 per andare a vivere con Amma, Kunju Swami aveva detto: "Nealu sarebbe rimasto qui per tutta la vita se la Madre in Kerala non fosse *Parashakti* (l'Energia Suprema)." E si vedeva dalla sua espressione che lui considerava davvero Amma un'Incarnazione della Devi.

Un giorno, all'improvviso, Amma se ne andò da casa tutta sola. Si trattava senz'altro di una fuga: era evidente che non voleva essere seguita da nessuno. Visto che io ero l'unica persona che l'aveva vista uscire, afferrai immediatamente qualche banana, dei biscotti e dell'acqua, misi il tutto in una borsa e le corsi dietro. Conoscendo la mancanza di consapevolezza corporea di Amma, sapevo che si sarebbe potuta perdere. La seguii a distanza, mentre camminava intorno alla collina dell'Arunachala, in uno stato d'animo assorto ed inebriato. Amma camminava molto velocemente e infine la persi di vista. Nel frattempo anche gli altri si erano accorti della sua scomparsa. Questo è ciò che mi ha raccontato Srikumar in seguito: "Quando venimmo a sapere che Amma era scomparsa affittammo immediatamente un carretto trainato da un cavallo e ci dirigemmo verso la collina. Il giorno prima, mentre salivamo su per la collina con lei, avevamo visto molte grotte su entrambi i lati. Amma entrava nelle grotte, meditava e ne usciva soltanto dopo che l'avevamo molto pregata. Mentre scendevamo dalla montagna Amma ci aveva detto: 'Non ho proprio voglia di tornar giù, lo faccio solo per voi.' Quindi pensammo che Amma poteva essere seduta in una di quelle caverne, ma come fare a trovarla con tutte quelle grotte? Eravamo tutti preoccupati. Il carretto infine raggiunse la collina e a un tratto, dopo qualche chilometro, intravedemmo la forma di Amma. Ci avvicinammo a lei e scendemmo dal carro. Vedere Amma fu uno spettacolo meraviglioso. Mentre camminava si dondolava avanti e indietro, come ubriaca. Tutto il suo corpo vibrava e le sue mani formavano un *mudra* (posizione mistica delle mani) sacro. I suoi occhi erano socchiusi, ed un sorriso estatico le illuminava il viso. Sembrava proprio che la Dea Parvati stesse girando attorno a Shiva! Continuammo a seguirla e dicemmo anche al conducente del carro di seguirci. Incominciammo a recitare mantra vedici e a cantare bhajan ad alta voce. I nostri canti echeggiavano per la collina. La

Amma all'Arunachala (Skandashram) con dei devoti

beatitudine del samadhi che Amma irradiava, unita alla gioia dei canti, regalò a tutti noi un'esperienza sublime.

"Dopo aver seguito Amma per un po', lei si girò verso di noi e ci lanciò uno sguardo di amore indescrivibile. C'erano così tanta compassione e potere nei suoi occhi che sembrava stessero bruciando tutto il nostro karma e le nostre *vasana* (abitudini e tendenze latenti)! A poco a poco Amma scese al nostro livello. Poco dopo rideva e parlava affettuosamente con noi. Un po' stanca per la lunga passeggiata, si sedette per alcuni minuti sotto ad un albero lungo la strada. Nonostante le nostre insistenze, rifiutò di salire sul carretto e si rimise subito a camminare. Girare a piedi intorno alla collina è una tradizione sacra. Quindi facemmo a piedi tutti i tredici chilometri.

"Verso la fine della circumambulazione incontrammo un incantatore di serpenti che suonava il flauto sul ciglio della strada. Amma gli andò vicino e si sedette accanto a lui, osservando con grande interesse il serpente che ballava al suono del flauto. Come una bambina piccola Amma chiese: 'Perché i serpenti non hanno le mani e i piedi?' La sua domanda innocente ci fece ridere tutti. Poi diede lei stessa la risposta: 'Forse nelle loro vite precedenti non hanno usato le mani e le gambe nel modo appropriato. Figli miei, ricordatevi che una vita così può capitare a tutti coloro che fanno un cattivo uso di ciò che Dio ha dato loro.'

"A questo punto la sua espressione era completamente cambiata, e rivelava la serietà e la maestosità del Guru. 'Figli miei,' continuò lei, 'Amma sa che la amate più di ogni altra cosa. Non potete pensare a Dio in nessun altra forma che non sia Amma. Quindi, teoricamente, non avreste nemmeno bisogno di circumambulare la collina. Dovete però diventare un modello per la società e dare il buon esempio agli altri. Nei tempi antichi, la gente era in grado di vedere Dio nel proprio guru. Ma nell'era moderna non molte persone hanno un tale potere di discernimento. Quindi, per l'uomo comune sono necessari riti e rituali convenzionali di questo tipo. La società deve imparare dal vostro esempio a seguire queste pratiche. Per cui, in futuro, rispettate sempre tali rituali per il bene dell'umanità. Amma stessa compie queste pratiche per insegnarvi la via giusta.'

"Noi tutti ascoltavamo le parole di Amma in rispettoso silenzio. Dopo qualche istante, Amma continuò: 'Figli miei, non siate tristi pensando che Amma vi voglia sempre correggere. Non pensate mai che Amma non vi voglia bene. E' soltanto a causa dell'amore infinito che nutre per voi che Amma vi sta insegnando queste cose. Figli miei, voi siete il tesoro di Amma. Quando Amma ha rinunciato a tutto, c'è stata soltanto una cosa a cui non ha potuto rinunciare – e quella cosa siete voi, figli miei. E' soltanto quando vede che state diventando la Luce del mondo che Amma si sente davvero felice. Amma non ha bisogno delle vostre lodi o del vostro servizio. Amma vuole soltanto che voi acquistiate la forza necessaria a sopportare il peso e le sofferenze del mondo.'

"Le parole di Amma, profonde e allo stesso tempo dolci come il miele, fecero sgretolare il nostro ego. Cadendo ai suoi piedi la pregammo: 'Oh Amma, per favore, rendici nobili! Rendici puri, affinché la nostra vita possa essere sacrificata per la salvezza del mondo intero.'"

Questo fu il resoconto di Srikumar. Io invece tornai a casa quattro ore dopo, tutto solo e con la borsa vuota, avendo mangiato tutte le provviste che avevo preso per Amma. Vedendomi rientrare con la borsa vuota in mano, Amma afferrò al volo la situazione e, scoppiando a ridere, mi disse: "Mi hai portato qualcosa da mangiare?"

La nostra visita coincise con il Dipam Festival, una celebrazione annuale a cui partecipano centinaia di migliaia di persone provenienti da tutta l'India del sud. In cima alla collina dell'Arunachala viene acceso un fuoco sacro che rappresenta la luce dell'illuminazione spirituale che splende nel buio dell'ignoranza senza tempo. Una mattina ci recammo tutti in città per vedere il festival del carro. Su un enorme carro fatto di legno intagliato, alto più di trenta metri, erano state installate immagini di divinità locali e per le strade si snodava una processione, mentre la gente tirava il carro con una fune. Era un'occasione gioiosa ed uno spettacolo per gli occhi. Mentre Amma era sul balcone di uno degli edifici, da cui si aveva una buona visuale del carro, venne da lei un avadhuta. Il suo nome era Ramsuratkumar, ed era stato un discepolo del famoso Swami Ramdas di Kanhangad, nel nord del Kerala. Era molto rispettato a Tiruvannamalai per la sua santità. Era vestito di stracci, aveva la barba lunghissima e teneva sempre in mano un ventaglio. Alla presenza di Amma diventò come un bambino, e considerò Amma come la sua madre spirituale. Questo fece capire ai devoti locali chi fosse davvero Amma. Dopo dieci giorni di felicità perfetta a Tiruvannamalai, facemmo ritorno all'Ashram.

Un giorno Amma decise che era ora di costruire altre due capanne oltre a quella che avevamo già: con l'aumento dei residenti permanenti erano necessarie altre stanze. Amma non voleva che vivessimo all'aria aperta per sempre; una vita così semplice era senza dubbio una buona prova per il nostro distacco, ma Amma pensava che un aspirante spirituale dovesse avere un suo spazio per praticare la sadhana. Io ero il responsabile della supervisione dei lavori. Feci un progetto e lo mostrai ad Amma: consisteva in tre capanne sistemate una di fronte all'altra a forma di ferro di cavallo. Ritenevo che in questo modo avremmo risparmiato spazio e avremmo permesso alla brezza di entrare nelle capanne. Sembrava una buona idea. Gli operai piantarono i principali pali di sostegno e incominciarono a legare le foglie di cocco alla struttura. A quel punto Amma uscì dal tempio e vide cosa stava succedendo.

"Chi gli ha detto di fare così?" gridò Amma. Tutti si voltarono ad indicare me. All'improvviso persi tutto il mio orgoglio di architetto. "Chi ti ha detto di sistemare le capanne in questo modo?" mi chiese Amma.

"Ma Amma, hai visto il progetto e l'hai approvato", risposi io.

"Non mi ricordo di aver visto nessun progetto. Butta giù tutto! Non si devono mai costruire capanne una di fronte all'altra. L'unica cosa che ti importa è la comodità, che le capanne siano ben ventilate! Non ti interessano le regole delle scritture? No! Le regole non permettono che si costruiscano capanne in questo modo." Dopo aver detto ciò, Amma rientrò nel tempio. Io mi voltai impotente verso gli operai e chiesi loro di smantellare tutto ciò che avevano fatto fin dal primo mattino. Mi girai verso Balu e dissi: "Che senso ha tutto questo? E' proprio difficile comprendere Amma."

"Aspetta, sii paziente. Vediamo che cosa ha in serbo Amma. Questo è il suo modo di condurti all'abbandono" disse Balu.

Due minuti dopo, Amma uscì di nuovo dal tempio. Guardò gli operai che stavano per smantellare le capanne. "Che cosa stanno facendo? Digli di costruire le capanne seguendo il progetto originario, altrimenti nelle capanne non potrà entrare la brezza", disse Amma.

"Ma Amma, e le regole delle scritture?" chiesi io.

"Regole? Non ci sono regole per la costruzione di capanne. Le regole valgono solo per gli edifici in muratura." Dopo questa affermazione Amma rientrò ancora una volta nel tempio.

Se una persona di passaggio avesse osservato tutta la scena, avrebbe descritto Amma, nel migliore dei casi, come irragionevole e, nel peggiore, come pazza. Ma il modo di Amma di lavorare sulla mente dei suoi discepoli rientra perfettamente nelle tradizioni presenti e passate. Marpa, il Guru del famoso yogi tibetano Milarepa, gli fece costruire e ricostruire diverse volte una torre a sette piani, prima di dare la sua approvazione e concedergli l'iniziazione. Oggi Milarepa è conosciuto come il più grande yogi della storia tibetana.

Ci sono molte storie di questo genere, su Guru che hanno sottoposto i loro discepoli ad innumerevoli prove di abbandono ed obbedienza. Un Guru aveva più di cent'anni e voleva designare un successore. Siccome c'erano molti candidati, decise di metterli tutti alla prova. Chiese ad ognuno di loro di prendere della terra e di costruire una piattaforma. Quando furono tutte pronte, il Guru disse: "Mi spiace, ma queste piattaforme non sono così belle come me le aspettavo. Per favore, buttatele giù e costruitene delle altre."

Quando il lavoro fu completato, il Guru disse: "Le piattaforme non sono nel posto giusto. Per favore, buttatele giù e ricostruitele su quel pezzo di terra laggiù."

A lavoro concluso il Guru andò ad ispezionare le piattaforme. "Uhm, non mi piace nemmeno questo pezzo di terra. Perché non ricostruite tutto laggiù?"

Molti dei suoi discepoli pensarono che il Guru fosse diventato troppo vecchio e non fosse più nel pieno possesso delle sue facoltà mentali. Quindi, molti di loro abbandonarono il lavoro, e rimasero solo pochi candidati alla successione. Ma, ogni volta che questi pochi discepoli ricostruivano le piattaforme, il Guru le scartava.

Dopo un po' di tempo rimase un solo discepolo, un uomo di mezza età. Vedendo che continuava a costruire e ad abbattere piattaforme, gli altri discepoli lo prendevano in giro e lo schernivano, dicendo che era stupido a cercare di compiacere un Guru che non era sano di mente. Il discepolo smise di lavorare per un momento e disse: "Fratelli, non è il *Satguru* (Maestro Realizzato) ad essere matto, ma il mondo intero, ed esiste solo una persona sana di mente: il Satguru. Il mondo intero è cieco, solo il Satguru ci vede." Essi ribatterono dicendo che sia lui che il Satguru erano impazziti.Lui replicò: "Potete dire di me quello che volete, ma non dite una sola parola irrispettosa nei confronti del mio Satguru. Anche se dovrò costruire piattaforme per il resto della mia vita per obbedire ai suoi desideri, con la sua grazia continuerò a farlo."

Il discepolo rifece di buon grado la piattaforma per un totale di settanta volte. A quel punto il Guru gli disse: "Adesso puoi smettere di costruire. Sono molto contento di te, perché tu solo mi hai obbedito in modo assoluto e ti sei abbandonato completamente alla mia volontà e ai miei desideri." Voltandosi verso gli altri, il Guru disse: "Non c'è stato uno di voi che mi abbia obbedito, anche se questa è la prima regola di un vero discepolo – dare al Guru tutto il vostro amore e la vostra devozione, avere completa fede in lui e obbedire ai suoi desideri con cuore gioioso." Il Guru designò quindi il discepolo come il nuovo Guru della sua linea.

L'abbandono ad un'Anima Realizzata è qualcosa che avviene grazie al grande amore e al rispetto che il discepolo sente per lui. Mettere il discepolo in situazioni sempre più difficili serve solo a rafforzare l'intensità del discepolo.

Quella sera, mentre eravamo seduti attorno ad Amma, come se avesse intuito quali erano i miei pensieri a proposito di quello che era successo quel giorno, Amma disse: "L'abbandono non è qualcosa che il Maestro può imporre. L'abbandono avviene nel discepolo in modo naturale. Si verifica un cambiamento nel suo comportamento, nella sua comprensione, e nel modo in cui fa le cose. Avviene un cambiamento nel suo mondo interiore, l'obiettivo della sua vita cambia. Un vero Maestro non forzerà mai il discepolo ad abbandonarsi. Forzare sarebbe controproducente, come il danno fatto al bocciolo di un fiore se si cercasse di aprirlo con la forza: tale forza distruggerebbe il fiore. L'apertura è qualcosa che avviene spontaneamente, quando si verificano le circostanze adatte. Il Maestro crea le situazioni necessarie affinché quest'apertura abbia luogo. In realtà, un vero Maestro non è una persona; egli non è il corpo perché non ha ego. Il suo corpo è soltanto uno strumento che lui si porta in giro, in modo da poter restare in questo mondo ed essere d'aiuto alla gente. Due persone possono imporre le loro idee l'una sull'altra, perché si identificano con l'ego. Ma un Satguru, che è la personificazione della Coscienza Suprema, non può imporre niente a nessuno, perché è al di là della coscienza del corpo e della mente. Il Maestro è come uno spazio aperto, come il cielo infinito. Semplicemente esiste.

"Se qualcuno cerca di imporre le sue idee o regole su di voi, sappiate che è un falso maestro, anche se afferma di essere realizzato. Un vero Maestro non rivendica niente. Semplicemente esiste. Non gli importa se vi abbandonate a lui o no. Se vi abbandonate, ne trarrete vantaggio; se non vi abbandonate, non cambierete. In entrambi i casi il Maestro non ne viene toccato. Lui non si preoccupa di niente. Alla semplice presenza di un Maestro l'apertura avviene naturalmente. Il Maestro non fa niente di particolare perché questo avvenga. Lui è l'unica persona che vi può istruire senza insegnarvi direttamente. La sua stessa presenza crea automaticamente un flusso costante di situazioni in cui si è in grado di sperimentare la Realtà Suprema in tutta la sua pienezza. Ma ciò non viene fatto con la forza, ed il Maestro non ha alcuna pretesa. L'abbandono si svilupperà dentro di voi per la straordinaria ispirazione che si riceve grazie alla presenza fisica del maestro, perché il Maestro è la personificazione di tutte le qualità divine. Nel Maestro potete vedere il vero abbandono e la vera accettazione, e queste qualità vi saranno di esempio."

Ciò dovrebbe aver risposto alle domande che possono essere sorte nella mente del lettore. Perché a volte un Guru si comporta in modo irragionevole, contraddittorio o addirittura folle? Soltanto per dare ai discepoli la possibilità di abbandonare la loro mente e ricevere quindi la Conoscenza Divina. Finché la mente individuale continua ad esistere, il discepolo non può raggiungere la Saggezza. Il discepolo che vuole mantenere la sua individualità non può diventare una cosa sola con la Mente Universale. Abbandono ed obbedienza sono necessari. La meditazione, lo studio e le altre discipline spirituali sono facili se paragonate alla pratica dell'abbandono al Guru. Ricordatevi sempre che qui non si parla di una persona che si abbandona ad un'altra. Qualsiasi Guru che merita questo nome ha raggiunto l'unità con la Realtà Trascendente. Ha dissolto la sua individualità nell'Esistenza Universale e ne è diventato uno strumento. Abbandonarsi a lui equivale ad abbandonarsi a Dio, a fondersi in Dio e diventare una cosa sola con Lui. Gli strani comportamenti di Amma vanno visti in questa luce.

Un giorno Amma era seduta nella veranda del tempio con le spalle appoggiate al muro. Un devoto le aveva portato un sacchetto di "mistura", una combinazione di noccioline tostate, lenticchie, piselli ed altri legumi secchi, speziati con sale e peperoncino. Amma versò il sacchetto davanti a lei sul pavimento, com'era sua abitudine, ne raccolse qualche pezzetto e lo mangiò. Proprio in quel momento si avvicinò un gruppo di corvi e cominciò a beccare la mistura. Uno di loro incominciò a litigare con gli altri, cercando di impedir loro di mangiare. Infine riuscì a cacciarli via e rimase lì fermo e tranquillo a guardare Amma, senza mangiare niente. Amma fissava il corvo, che aveva una faccia insolitamente gentile.

"Per qualche motivo sento un grande affetto per questo corvo. Ti prego, dagli qualcosa da mangiare", mi disse Amma. Io gli andai vicino con un po' di mistura, ma lui scappò via e andò a rifugiarsi in grembo ad Amma. Rimase lì seduto per un po', con gran divertimento di tutti; infine, dopo aver beccato l'orecchino al naso di Amma, volò via.

Il giorno dopo ero sdraiato su una stuoia vicino alla laguna, quando lo stesso corvo mi venne vicino e mi saltò sulla pancia. Rimase lì seduto finché non mi mossi; lo accarezzavo sulla testa e lui non faceva obiezioni. Tutto ciò era molto insolito per un corvo, perché essi normalmente o hanno molta paura degli uomini o sono estremamente aggressivi ed arroganti. Questo corvo continuò a venire anche nei giorni successivi.

Poi un giorno lo trovammo che galleggiava nell'acqua di una vasca situata sul tetto della stanza di Amma. Lo portammo giù ed accendemmo un fuoco per riscaldarlo, perché era ancora vivo. Vedendoci accendere un fuoco, Amma venne a vedere cosa stava succedendo. Prese il corvo morente tra le mani e incominciò ad accarezzarlo dolcemente, finché non morì. Corvo benedetto! Volesse il cielo che morissimo anche noi tra le mani della Madre Divina.

Più o meno in questo periodo, mia madre mi scrisse dall'America dicendo che avrebbe voluto passare un po' di tempo con me. Una volta ogni tre o quattro anni veniva in India, o mi chiedeva di incontrarla da qualche parte a metà strada. Questa volta voleva andare in Egitto ed in Israele. Con il permesso di Amma partii per Bombay, ottenni i visti necessari ed i biglietti aerei e partii per l'Egitto.

Non ero mai stato in Medio Oriente; in confronto alla tranquillità dell'India del sud, l'atmosfera laggiù era molto ostile. Mia madre ed io visitammo le piramidi nella zona del Cairo e poi ci recammo a sud nella Valle dei Re e delle Regine, vicino a Karnak. Una cultura morta non aveva per me un grande interesse. Dopo tutto, la cultura dell'India è antica per lo meno quanto la civiltà egizia, ma sopravvive ancora oggi dopo migliaia di anni. L'unica cosa che trovai davvero interessante fu un grande complesso di templi a Karnak, riportato alla luce dagli archeologi nel diciannovesimo secolo. Era costruito in maniera molto simile ai templi dedicati a Shiva nel Tamil Nadu, in India. Proprio come i templi di Shiva aveva grandi torri che servivano da cancelli e all'interno vi erano mura e sale con colonnati. C'erano anche immagini di un dio e di una dea, un grande laghetto per i bagni

purificatori e veicoli per portare in posti diversi la divinità durante l'anno. Era proprio come essere a casa! Ma la dimensione dei
templi egiziani rendeva minuscoli quelli indiani. Nell'enorme sala
sorretta da colonne gigantesche si aveva la sensazione di essere dei
microbi. Pensando che avrebbe fatto piacere a tutti vedere questi
vecchi templi, comprai alcune diapositive da portare in India.

Ci recammo poi in Israele. Ero desideroso di visitare i luoghi
legati alla vita di Gesù. Dopo aver vissuto in India per quindici
anni con numerosi santi realizzati, avevo sviluppato un vero
apprezzamento per Gesù, e lo consideravo un'Anima Realizzata
ed un'Incarnazione di Dio. Mi piacque moltissimo visitare il
suo luogo di nascita, i posti in cui aveva compiuto alcuni dei
suoi miracoli ed il Calvario, dove aveva esalato l'ultimo respiro.
Trascorsi lì molto tempo in meditazione. Anche se erano passati
quasi duemila anni dalla sua morte, si poteva ancora percepire la
santità dei posti che Gesù aveva frequentato.

Infine tornai in India, molto contento di essere a casa. La
sera del mio arrivo decidemmo di vedere le diapositive che avevo
portato dall'Egitto e da Israele. Amma si unì a noi nella sala di
meditazione, mentre io commentavo le immagini, ma non sembrava molto interessata, finche non arrivammo al tempio egizio
che era stato riportato alla luce scavando nella sabbia. Vedendo
ciò Amma disse: "Visto, quanto tempo è che dico che sotto questa
sala di meditazione c'è il mio Ashram precedente! Se si scavasse
abbastanza in profondità, si troverebbero il tempio e le tombe
di molti monaci. Tutto era stato spazzato via da un maremoto e
sepolto nella sabbia. Se gli scienziati hanno scoperto un complesso
di templi a decine di metri sotto la sabbia in Egitto, perché non
dovrebbe essere possibile che quello che dico io sia vero?"

Amma in alcune occasioni aveva accennato al fatto che il
suo Ashram precedente si trovava sotto quello attuale e che non
c'era stato un ashram in questa zona da almeno mille anni. Noi

quindi avevamo messo insieme le due frasi ed eravamo arrivati alla conclusione che la vita precedente di Amma dovesse essere stata in quel periodo. Probabilmente non è un caso che, di tutti i suoi fratelli e sorelle, lei sia l'unica nata nella casa dei suoi genitori, mentre tutti gli altri sono nati in ospedali delle città vicine. E' inoltre un fatto risaputo che un monaco errante si fermò davanti alla casa di famiglia molti anni fa, quando il padre di Amma era solo un ragazzo, e che si mise a ridere fragorosamente. Quando gli fu chiesto perché rideva così, egli rispose che quello era un posto sacro, e che molti santi erano sepolti lì. Una cosa è certa: coloro che vengono all'Ashram sentono una pace insolita pervadere l'atmosfera. Che ciò sia dovuto alla sacra presenza di Amma, o ad avvenimenti del passato, o ad entrambi, chi può dirlo?

Amma dice che un luogo diventa sacro grazie al fatto che un santo o un saggio ci ha vissuto: l'effetto della loro aura radiosa vi rimane anche dopo migliaia di anni. Ci sono molti principi invisibili che hanno un'influenza sul nostro mondo. Vivendo in compagnia di Amma si sviluppa naturalmente la fede in queste verità sottili.

Vedendo le diapositive dei luoghi sacri cristiani, nacque una vivace discussione sulle grandi differenze che intercorrono fra i principi di amore e rinuncia originariamente insegnati da Gesù e il Cristianesimo che ne è derivato in seguito, a volte degenerato in guerre e lotte. Amma arrivò immediatamente al cuore del problema, dicendo: "I principi essenziali di tutte le religioni insegnano amore, pace ed armonia. I Maestri spirituali non hanno mai predicato l'egoismo, né hanno mai incoraggiato le persone a comportarsi ingiustamente o a combattere l'una contro l'altra. Il problema non è nella religione o nella spiritualità. Il problema è nella mente umana. I conflitti ed i problemi che esistono oggi, nel nome della religione, sono dovuti alla mancanza di una comprensione corretta dei principi religiosi.

"Nell'era moderna, la gente vive seguendo più la mente che il cuore. La mente crea confusione. La mente è la dimora dell'egoismo e dell'ingiustizia. La mente è la sede di tutti i nostri dubbi, e l'intelletto è la sede dell'ego. Quando si vive soltanto nella mente e nell'ego non ci si preoccupa per gli altri, si pensa soltanto a se stessi.

"Gli intellettuali interpretano gli insegnamenti delle scritture e i Maestri delle loro religioni adattandoli alle proprie idee. Le persone ingenue cadono facilmente preda di queste definizioni distorte della verità, ed entrano in conflitto con se stessi e con gli altri. Questo è quello che succede nella società moderna. Gli intellettuali diventano leader e consiglieri molto rispettati. I loro seguaci li idealizzano e li venerano come fossero Dio. In realtà Dio è stato dimenticato; la verità ed i principi essenziali della religione e delle pratiche religiose vengono ignorati.

"Sfortunatamente, dopo la morte del Maestro, la maggior parte delle religioni vengono dirette da intellettuali di questo tipo. Solo un'anima piena d'amore e di compassione può guidare l'umanità e far luce sul sentiero della religione. Solo un tale Maestro può unire la gente ed aiutarla a capire la vera importanza della religione e dei principi religiosi. Ma al giorno d'oggi il cuore è stato dimenticato.

"Nessuno che abbia una vera comprensione della spiritualità può incolpare la religione e i Maestri spirituali per le calamità che avvengono nel nome della religione. La colpa è degli pseudo-maestri religiosi e non dei loro seguaci innocenti. I cosiddetti maestri vogliono imporre le loro idee e visioni sugli altri. I seguaci non hanno alcuna colpa, perché hanno piena fede nelle parole e nelle interpretazioni errate dei loro leader. L'intelletto (l'ego) è molto più potente della mente. La mente è intrinsecamente debole. L'intelletto ha determinazione, mentre la mente dubita sempre, vacilla ed è instabile. Gli intellettuali, che hanno interpretato quasi tutte le religioni, hanno la determinazione a convincere la gente. Il loro ego enorme e la loro determinazione possono facilmente avere il sopravvento sui seguaci di qualsiasi religione e avere la meglio sui credenti ingenui.

"A questi intellettuali manca completamente la vera fede, l'amore e la compassione. Il loro mantra è 'soldi, potere e prestigio'. Quindi, non date la colpa alla religione, alla spiritualità o ai veri Maestri per i problemi che ci sono oggigiorno nel mondo. Non c'è niente che non vada nella religione e nella spiritualità. Il problema è nella mente umana."

Quando venni a stabilirmi presso Amma, nel gennaio del 1980, gli unici edifici erano la casa della sua famiglia, il piccolo *kalari* (tempio) in cui Amma dava il darshan durante il Krishna o Devi Bhava, ed una tettoia di foglie di palma senza pareti sotto cui i devoti in visita si potevano riposare e riparare dalla pioggia o dal sole. Per un po' di tempo io dormii in casa, mentre Amma e Gayatri si riposavano nel tempio. La famiglia di Amma cucinava per noi, ma dopo un po' decidemmo di non dipendere più da loro, perché essi si comportavano con Amma in modo completamente diverso da noi. La consideravano una figlia o una sorella. Con il nostro arrivo le cose devono esser diventate strane e difficili per loro, perché fino a quel momento Amma era stata la serva della famiglia. Adesso eravamo noi che cercavamo di servire lei. Amma non possedeva assolutamente niente. Persino i vestiti che indossava li divideva con le sorelle. Quando era stanca si sdraiava sulla sabbia, anche se pioveva; non aveva nemmeno una stuoia, per non parlare di un cuscino o di una coperta. Durante i Bhava darshan stava in piedi nel tempio per più di dodici ore di fila. Il tempio era strapieno di devoti, non circolava aria, e non c'erano ventilatori. Eppure Amma non si lamentava mai di niente. Era la personificazione della rinuncia e dell'abbandono. Sia che fosse dolorosa o piacevole, lei accettava qualsiasi situazione come

Volontà di Dio. Amma era ed è perfetta sotto ogni punto di vista. La sua vita è un esempio da seguire per ogni serio aspirante spirituale, per ogni essere umano. Amma ha detto: "Un vero Maestro darà sempre l'esempio ai suoi discepoli. Un vero Maestro, anche se è al di là di tutte le leggi e le limitazioni, deve aderire strettamente ai valori etici e morali. Soltanto allora sarà un esempio per i suoi discepoli. Se il Guru dice: 'Io sono al di là di tutto e quindi posso fare quello che voglio; voi obbedite e fate quello che vi dico io', ciò farà soltanto del male al discepolo. Un vero Maestro non si comporterà mai così. Tutti i grandi Maestri del passato, i santi ed i saggi antichi, erano perfetti esempi viventi dei nostri valori più nobili ed elevati. Anche se il Guru è al di là della coscienza corporea e privo di ogni debolezza umana, i discepoli non lo sono. Essi si identificano ancora con il corpo e con l'ego e hanno quindi bisogno di un esempio vivente, di qualcuno che sia la personificazione delle qualità divine, a cui appoggiarsi. I discepoli ricevono tutta la loro ispirazione dal Maestro. Un vero Maestro, quindi, conduce una vita esemplare basata sui valori etici e morali."

Noi ci consideravamo fortunati di poter servire Amma ed offrirle una stuoia, un lenzuolo, un cuscino o qualcosa da mangiare. Senza dubbio questo fu un periodo davvero speciale e benedetto per noi, perché potevamo servire il nostro Guru nelle sue necessità fondamentali: procurarle cibo, vestiti, qualcosa su cui dormire ed altre minime necessità. Amma accettava tutto, non perché ne avesse bisogno, ma per farci piacere, per darci la possibilità di servirla.

C'è la storia di un uomo ricco che andò al tempio e offrì alla divinità una borsa con cinquemila monete d'oro. Il sacerdote prese i soldi come se niente fosse e li consegnò all'ufficio. Questo diede fastidio all'uomo. "Sai che ci sono cinquemila monete d'oro in quella borsa?" chiese al sacerdote. Il sacerdote fece segno di sì con la testa. "Sei sicuro di aver capito quello che ho detto?" chiese l'uomo. Il sacerdote replicò: "Sì, me l'hai già detto. Non sono mica sordo." L'uomo allora si scaldò: "Senti bene, cinquemila monete d'oro sono una bella cifra, anche per uno ricco come me." Il sacerdote guardò l'uomo con compassione e disse: "Ascolta, mi stai chiedendo di esserti grato, di ringraziarti?" "Beh, sarebbe il minimo" disse l'uomo. "Aspetta un attimo, allora. Vado a prendere le monete. Puoi tenertele. Dovresti essere grato che siano state accettate. E' colui che dà che deve essere grato, perché se il dono non viene accettato, come fa il donatore a trarne beneficio?" chiese il sacerdote.

Dopo circa un mese decidemmo di costruire una capanna e di vivere separati dalla famiglia. Io avevo un po' di soldi, che bastarono a comprare il necessario. Di lì a poco avevamo una capanna, lunga sei metri e larga tre: metà la usavamo come cucina e l'altra metà per riposare. Naturalmente riposo non significava affatto sonno tranquillo, perché Amma dormiva raramente e ventiquattr'ore su ventiquattro c'erano nella capanna persone che venivano a trovarla. Non ricordo di aver mai visto la luce spenta nei due anni in cui vivemmo tutti insieme in quella capanna. In quel periodo Amma, Gayatri, Balu ed io vivevamo lì permanentemente. Questi furono gli inizi dell'Ashram.

Due anni dopo, un devoto che occasionalmente veniva a trovare Amma fece costruire un'altra piccola capanna lì vicino. Quella divenne la prima "stanza per gli ospiti" dell'Ashram. Altre due capanne vennero costruite un paio di anni dopo; esse erano utilizzate dai nuovi residenti, i brahmachari che si erano trasferiti all'Ashram. In quel periodo eravamo circa una dozzina. Però, anche se avevamo tutti un posto in cui stare, c'erano molti problemi a cui volevo trovare una soluzione. Innanzitutto la privacy ed il riposo di Amma. Poiché la stanza di Amma era una capanna fatta di foglie intrecciate, la gente non esitava a chiamarla dall'esterno o addirittura a guardare tra le foglie per vedere se lei fosse lì. Nessuno si preoccupava di sapere se Amma aveva riposato o no, anche dopo che era stata sveglia per diversi giorni. Tutti volevano raccontarle i loro problemi e non si preoccupavano d'altro. A volte Amma si sdraiava verso le cinque, le sei della mattina dopo esser stata sveglia tutta la notte. Non appena si era addormentata, entrava qualcuno, si inchinava, le toccava i piedi e la chiamava finche lei non si svegliava, soltanto per dirle che stava tornando a casa! Vedendo questo stato di cose io mi scervellavo per trovare una soluzione al problema. Ma cosa potevo fare? Sarebbe stato bello poter costruire una vera stanza di mattoni, con vere porte e vere finestre, perché Amma potesse avere un po' di privacy. Avrei voluto anche che Amma avesse un bagno tutto per sé, perché a quei tempi faceva la fila con tutti noi per usare la "doccia", che consisteva in alcune foglie di palma intrecciate e sistemate attorno a delle pietre su cui si mettevano i piedi. Il nostro "gabinetto" era del tipo locale, un sacco di iuta legato attorno a quattro pali piantati nella laguna, con qualche bastone che faceva da piattaforma! Quelli che adesso vengono all'Ashram e trovano scomodo il fatto di non avere il bagno in camera (anche se ormai quasi tutte le stanze ce l'hanno) dovrebbero ricordarsi di come Amma e i primi ashramiti hanno vissuto per molti anni. Ventilatori? L'unico ventilatore era una vecchia "carcassa" che usavamo nel tempio durante il Bhava darshan, e che poi mettevamo in camera di Amma, perché il suo rumore era tale da coprire tutti gli altri rumori esterni, in modo che Amma potesse riposarsi ogni tanto. Avevamo messo insieme tutti i nostri centesimi per poterlo comprare, perché d'estate nel tempio il caldo era insopportabile. L'acqua veniva presa al rubinetto del villaggio e trasportata all'Ashram da noi o dalla sorella minore di Amma. Non era un compito facile, perché il rubinetto era ad una cinquantina di metri da casa ed era sempre circondato da venti-trenta donne che aspettavano che arrivasse l'acqua, il che avveniva sempre dopo mezzanotte.

Un altro problema era che nessuno dei brahmachari aveva un posto in cui meditare. La maggior parte delle volte essi dovevano liberare la loro capanna per lasciare il posto ai visitatori e andare a riposare sotto gli alberi. Con i visitatori che arrivavano a tutte le ore, non c'era nessun posto in cui potessero meditare senza essere disturbati. Una sala di meditazione e una stanza per Amma erano diventate una vera necessità, ma dove avremmo trovato i soldi per costruirle? Amma ci ordinò tassativamente di non chiedere mai soldi a nessuno, per nessuna ragione. In questo modo, imparammo a dipendere da Dio per ogni cosa. Ciò portò a molte situazioni interessanti. C'erano volte in cui Amma doveva andare al villaggio a chiedere l'elemosina, per dare qualcosa da mangiare ai brahmachari. Una volta mandò Balu al suo paese a cercare del riso, poiché non avevamo soldi per comprarne. Proprio mentre Balu stava per partire arrivò un vaglia postale che ci permise di comprare un sacco di riso.

Io sollevai la proposta di costruire le due stanze, e chiesi il parere di Amma. Lei rifiutò categoricamente, a meno che non avessimo prima costruito un riparo per i devoti in visita. Stranamente, di lì a poco diversi devoti incominciarono a donare mattoni, sabbia, cemento, legno e mattonelle, e fummo in grado di costruire una sala decente perché i visitatori avessero un posto in cui dormire nelle notti di darshan. Prima di ritirarsi nella sua capanna, Amma faceva il giro della sala, per assicurarsi che tutti fossero comodi. Non avevamo molto da offrir loro, se non un po' di spazio sul pavimento, ma le amorevoli attenzioni di Amma li facevano sentire più a loro agio che se fossero stati a casa in un letto morbido.

Adesso c'era la possibilità di costruire una stanza per Amma e una sala di meditazione per gli ashramiti. Un giorno mi balenò l'idea di andare in America a cercare di raccogliere dei soldi per questo progetto. Allo stesso tempo, lottavo contro quest'idea, perché non avrei voluto più lasciare Vallickavu, o l'India, per il resto della mia vita; pensavo che il mio progresso spirituale dipendesse da questo. Però l'idea continuava a venirmi in mente: per quanto cercassi di allontanarla, ritornava sempre. Andai infine da Amma e gliene parlai.

"Figlio mio, l'idea non è tua, è mia. I ragazzi hanno bisogno di un posto in cui possano meditare senza essere disturbati. Non volevo dirti di andare in America per questa ragione perché so che non ti piace allontanarti da qui, ma sembra che non ci sia altra soluzione. Va', ma non restare deluso se la risposta non è quella che speri. Dio si prenderà cura di ogni cosa. Noi dobbiamo fare il nostro dovere, ma i risultati sono nelle Sue mani."

Mentre mi preparavo per il viaggio, pensai che avrei dovuto portare con me un opuscolo sulla vita di Amma. Fino a quel momento non era stato scritto niente su di lei, in nessuna lingua. A dire il vero, a parte fatti sporadici a cui ogni tanto faceva cenno Amma, nessuno di noi sapeva niente della sua vita, ma adesso era diventato necessario scrivere qualcosa. Amma accettò di sedersi con noi un po' di tempo ogni giorno, per raccontarci della sua vita. Ma le promesse sono fatte per non essere mantenute, come dice il proverbio! Ci diceva alcune cose e poi diventava irrequieta, si alzava e se ne andava. Noi facevamo domande per cercare di mettere assieme le informazioni in nostro possesso e per raccogliere dettagli e date. La pazienza di tutti fu messa a dura prova, ma infine riuscimmo a scrivere la maggior parte della storia della sua vita.

C'era una domanda a cui non avevamo risposta, e sembrava impossibile riuscire ad estorcerla ad Amma. Volevamo sapere quando aveva raggiunto la Realizzazione. Per qualche ragione, evitava di rispondere quando il nostro "interrogatorio" arrivava a

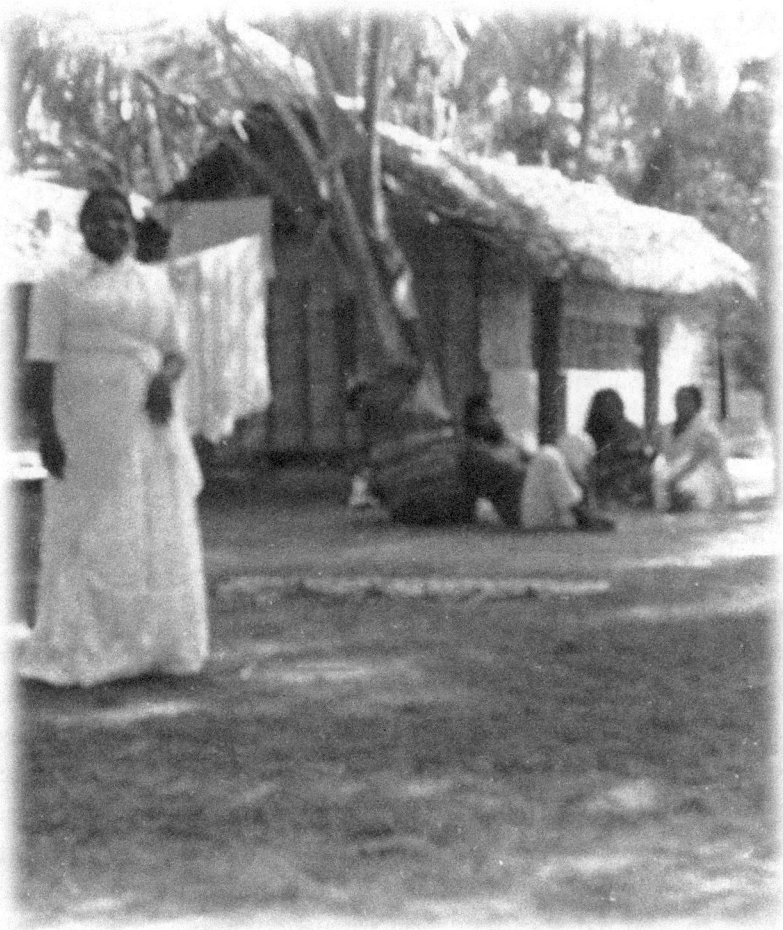

Amma di fronte al primo "edificio" dell'ashram

quel punto. Provammo diversi trucchi astuti, diretti ed indiretti, per ottenere una risposta. Iniziammo col chiederle direttamente: "Amma, quando hai raggiunto la Realizzazione del Sé?" Amma si alzava immediatamente e se ne andava dicendo: "Questa pazza non sa niente!" Ci rendemmo allora conto che l'approccio diretto non ci avrebbe condotto da nessuna parte; decidemmo quindi di chiederle: "Amma, è stato dopo l'inizio del Krishna Bhava o dopo l'inizio del Devi Bhava che hai raggiunto la Realizzazione?" Ottenemmo esattamente la stessa risposta: Amma si alzò e se ne andò. Provammo allora un'altra tecnica: "Amma, è possibile che una persona manifesti i Bhava Divini prima di essere Realizzata?" Ma Amma era di gran lunga più intelligente di noi e continuava ad evitare l'argomento. Sapeva in anticipo quello che avevamo in mente e sapeva già come comportarsi ancora prima che le facessimo le domande.

Infine, proprio quando stavo per partire, Amma ammise di aver realizzato la sua unione con il Brahman Senza Forma durante l'adolescenza, prima dell'inizio dei Bhava Divini. Fu allora che capì che tutti i diversi aspetti di Dio, come Krishna, Ganesha, Shiva e la Devi, erano dentro di lei. Però, dopo aver ammesso questo, Amma disse: "Ma, a dir la verità, l'intera faccenda è soltanto un *lila* (un gioco divino)!" Noi fummo sorpresi e le chiedemmo: "Amma, vuoi dire che la tua sadhana, la Realizzazione e i Bhava sono soltanto un gioco divino, una commedia?" "Sì, figli miei, sono serviti solo a dare un esempio al mondo. Amma non ha mai creduto che questo universo fosse reale. Fin dalla nascita lei è stata consapevole che soltanto Dio è reale. Il Devi ed il Krishna Bhava sono nelle mani di Amma, lei può assumerli ogni volta che vuole; essi sono per il bene del mondo. Nel profondo del suo essere c'è sempre la stessa Pace Eterna." Cos'altro si può dire? Le parole di Amma parlano da sole.

Arrivò così il giorno della mia partenza. Andai da Amma per congedarmi da lei, ma era nel tempio a riposare. Mi inchinai semplicemente davanti alla porta del tempio e me ne andai. Volevo essere io a servire Amma e non lei me. Pensai che fosse più importante che lei si riposasse piuttosto che vederla prima di partire.

Arrivai in America dopo un viaggio tranquillo. Mia madre si era offerta di pagarmi il biglietto e di aiutarmi in qualunque modo possibile. Utilizzando il materiale che avevo raccolto, scrivemmo un piccolo opuscolo su Amma e lo inviammo a circa centocinquanta persone, chiedendo aiuto per la missione di Amma. Io non avevo molte speranze. Dopo tutto, io non conoscevo nessuno e tutte le persone a cui avevamo mandato l'appello erano amiche di mia madre. Infatti, la risposta fu molto scarsa. Io ero deluso e non sapevo cosa fare. Erano passati già quasi due mesi dal mio arrivo in America.

Poi un giorno mia madre mi disse: "Neal, ti ricordi che quando sei partito per l'India nel 1968 io ho comprato la tua collezione di monete, affinché tu potessi avere qualche soldo? Ce l'ho ancora. Perché non la prendi e cerchi di venderla?" Io fui molto felice di questo nobile gesto e iniziai ad investigare sul mercato dei collezionisti di monete. Nel giro di una settimana riuscii a venderla ad un prezzo dieci volte superiore a quanto l'avevo originariamente pagata. Questa somma sarebbe stata sufficiente per costruire una stanza per Amma e anche la sala di meditazione. Prenotai immediatamente il biglietto di ritorno e di lì a poco ero di nuovo con Amma.

Al mio ritorno, io e Ganga, un brahmachari francese che era venuto a stabilirsi all'Ashram poco dopo di me, tracciammo un progetto per il nuovo edificio. Io avevo un po' d'esperienza nel campo delle costruzioni dai tempi di Tiruvannamalai, quando avevo costruito due casette, su suggerimento della mia guida spirituale precedente, Ratnamji. Anche Ganga aveva fatto un'esperienza simile a Tiruvannamalai: era stato il supervisore di un lavoro di costruzione per un devoto olandese. Decidemmo di costruire un edificio a due piani. Al piano terra ci sarebbe stata una stanza con una piccola veranda, da usare per la meditazione e uno stanzino, sotto la scala, da usare come ripostiglio; al primo piano ci sarebbe stata una stanza con bagno ed un balcone per Amma.

Sfortunatamente non avevamo terreno su cui costruire: tutta la terra di nostra proprietà era occupata dalle capanne; se le avessimo rimosse, dove saremmo andati a stare? Decidemmo infine di riempire di sabbia una parte della laguna di nostra proprietà. Per trovare la sabbia sufficiente ci volle del tempo, e i lavori furono ritardati. Proprio in quel periodo iniziarono anche i lavori per allargare il vecchio tempio in cui Amma dava il Bhava darshan, e il darshan nel frattempo aveva luogo sotto la tettoia che era stata costruita perché i devoti potessero riposare dopo il darshan.

A causa di varie difficoltà ci volle circa un anno prima che il piccolo edificio fosse terminato. Problemi di manodopera, scarsità d'acqua e difficoltà nel reperire il materiale da costruzione: tutto ciò causò continui ritardi. Per le stesse ragioni, quando in seguito venne costruito un edificio più grande per i devoti, ci vollero sette anni invece di due. Una volta che la stanza al primo piano fu pronta, Amma non volle trasferirvisi. Anche se era al di là del piacere e del dolore, delle comodità e della loro mancanza, Amma pensava di dover dare un esempio di rinuncia continuando a vivere nella capanna, nonostante i grandi inconvenienti che ne derivavano. Fu soltanto due anni dopo il completamento dell'edificio che Amma iniziò a passarvi la notte. Col tempo quella divenne la sua dimora, ma soltanto perché io e Ganga continuavamo a supplicarla.

Quando si vive a stretto contatto con Amma, si è colpiti dalla sua grandissima preoccupazione per il miglioramento spirituale di chi le sta attorno. Amma preferisce soffrire lei stessa pur di non dare un esempio men che perfetto. Amma non ha bisogno di seguire alcuna regola della vita spirituale, perché risiede permanentemente nello stato che è il frutto finale di tali sforzi. Questo è lo stato dell'avadhuta, colui che ha trasceso definitivamente la coscienza corporea. A tali persone generalmente importa poco o niente del miglioramento spirituale del mondo. Essi si dilettano nel loro stato di Beatitudine Suprema e non si preoccupano delle sofferenze altrui. Anzi, spesso cacciano via coloro che li avvicinano, facendo finta di essere matti, posseduti o idioti. Trovare una persona che dimora costantemente in Dio e che sia disposta a sacrificare tutto per il bene di coloro che incontra è quasi impossibile. Tali saggi si possono contare sulle dita di una mano.

Alcuni devoti di Amma desideravano condurla a Kanyakumari, o Capo Comorin, la punta più meridionale dell'India, dove c'è un famoso tempio dedicato alla Madre Divina nel punto in cui tre mari - il Mar d'Arabia, l'Oceano Indiano e la Baia del Bengala - s'incontrano, e la sabbia è di tre colori diversi. Viveva lì una donna avadhuta, Mayi Amma, così decidemmo di passare un po' di tempo in sua compagnia. La domenica sera a Vallickavu c'era il Devi Bhava, quindi partimmo di venerdì, per essere di ritorno la domenica pomeriggio. Eravamo una quindicina e viaggiavamo su un furgoncino.

Per strada, ci fermammo in un paese chiamato Marutamalai, ai piedi di una montagna famosa per le sue erbe guaritrici. Ci avevano detto che in quel paese abitava un avadhuta: il suo nome era Nayana. Dopo esserci informati trovammo la sua capanna, che era sulla strada principale. Entrammo nella stanza mal illuminata e trovammo un vecchio sporchissimo seduto in un angolo, intento a sputare sul muro il succo rosso della noce di betel. Uno degli abitanti del paese ci aveva detto che Nayana non faceva il bagno da più di dieci anni. Non era difficile da credere! Amma si sedette immediatamente di fronte a lui, ma quale non furono la nostra sorpresa e la nostra rabbia quando lui le diede uno schiaffo sulla faccia! Amma ci guardò e ci disse di mantenere la calma. Poi l'avadhuta mi sputò in faccia e urlò qualcosa in un linguaggio noto a lui solo. Naturalmente noi non vedevamo l'ora di uscire da lì, ma Amma non sembrava avere alcuna fretta. Infine, dopo circa venti minuti, ce ne andammo. Dopo che ci fummo seduti nel furgone, Amma si voltò verso di noi e disse: "Fantastico! Nayana era nello Stato Supremo!" Noi non potevamo assolutamente credere ad Amma. Lo Stato Supremo? Supremo stato di cosa? Della pazzia? Amma disse: "Voi non potete capire. Soltanto chi è in quello Stato può riconoscerLo in un altro." Silenziosamente stavamo tutti pensando: "Se quello è lo Stato Supremo, allora non mi interessa!"

Continuammo il viaggio verso Kanyakumari, felici di lasciare Nayana da solo nel suo Stato Supremo. Dopo aver raggiunto il Capo, ci mettemmo a cercare Mayi Amma, che viveva in riva al mare. Quando arrivammo sul posto, trovammo una mendicante molto vecchia, seminuda, sdraiata sulla sabbia. Usava un cane come cuscino, ed era circondata da altri trenta o quaranta cani randagi. Era questa la grande saggia che stavamo cercando? Se Amma non ci avesse detto che Mayi Amma era un Mahatma, sarebbe stato impossibile crederlo. Sembrava proprio una mendicante. Amma si sedette di fronte a lei, con tutti noi attorno. Mayi Amma si mise seduta e diede uno schiaffo sul viso ad Amma. Noi eravamo sconvolti! Questa era la seconda volta in un giorno, in un'ora, che Amma veniva schiaffeggiata da un Mahatma. Amma sorrise soltanto e salì sulle spalle di Mayi Amma, cavalcandola come fa un bambino con la sua mamma. Poi Mayi Amma si alzò e andò in riva al mare. Tutta l'immondizia della città di Kanyakumari era stata raccolta e depositata lì appositamente per lei. Ogni giorno Mayi Amma accendeva un falò e compiva un rito del fuoco, usando l'immondizia come offerta sacra. Qual era il significato profondo della sua vita misteriosa? Senza dubbio solo lei e quelli nel suo stato lo sanno. Dopo aver finito il suo "rito" devozionale si buttò a mare completamente nuda e riemerse con un pesce, che si mise a mangiare bell'e crudo.

Intorno a mezzogiorno, un suo devoto le portò un tiffin, un contenitore di metallo a più ripiani, che conteneva il suo pranzo. Noi ci sedemmo tutti attorno a lei e cantammo canti devozionali, mentre lei mangiava qualcosa. Lei diede poi ad ognuno un po' dei suoi avanzi, come segno di benedizione. Uno dei devoti che era venuto con noi era strettamente vegetariano fin dalla nascita. A tutti eccetto a lui, Mayi Amma diede cibo vegetariano, ma a lui diede un pezzo di pesce fritto. Quando venne il mio turno, lei incominciò a versarmi un po' di budino ma, prima che questo potesse raggiungere le mie mani, arrivò un cane che si mise a leccare il contenitore proprio mentre lei stava versando il budino. Ciò che colò dalla bocca del cane finì nelle mie mani. Amma mi guardava con attenzione, per vedere cosa avrei fatto. Io esitai un attimo e poi mangiai il budino. Quando incontriamo dei Mahatma, dobbiamo avere piena fede nel loro potere spirituale. Dobbiamo essere pronti ad abbandonare l'attaccamento a regole, idee e concezioni. Soltanto allora possiamo ottenere la loro benedizione. Mayi Amma ci offrì la possibilità di fare esattamente questo.

Dopo due giorni più o meno felici a Kanyakumari salimmo sul furgone per ritornare all'Ashram. Mentre ci avvicinavamo al paese di Nayana, ci sentivamo tutti un po' tesi. Avevamo paura che Amma si volesse fermare di nuovo da lui. Avevamo attraversato quasi tutto il paese quando all'improvviso vedemmo Nayana fermo in mezzo alla strada, che ci faceva segno di fermarci. Noi ci mettemmo le mani nei capelli. Vedendolo, Amma ci disse di fermare il furgone e ne scese immediatamente, seguita da tutti noi: ma non c'era traccia di Nayana. Dov'era andato? Riprendemmo il furgone e ci recammo alla sua capanna, che aveva la porta chiusa.

Amma entrò per prima. Nayana era lì, seduto nel solito angolo. Anche se avesse corso dalla strada fino alla capanna, non avrebbe potuto farcela in così poco tempo. Amma si sedette di fronte a lui, e noi ci preparammo al peggio. Amma incominciò a dondolarsi avanti e indietro, e a pizzicare Nayana sulla gamba. Lui era lì seduto, calmo, che la guardava. A quel punto Amma chiuse gli occhi, e cominciarono a scenderle lacrime giù per le guance. Noi non riuscivamo a capire cosa stesse succedendo. All'improvviso Amma esplose in *Kali Bhava,* assumendo le sembianze della Dea Kali. La lingua le si sporse dalla bocca quasi fino al mento ed Amma emise un urlo terribile. I suoi occhi si gonfiarono e le mani manifestavano dei mudra. Iniziò a rimbalzare su e giù come una palla, ed i braccialetti che aveva ai polsi andarono in mille pezzi. Dire che eravamo sorpresi non renderebbe l'idea. Dopo circa dieci minuti, Amma lentamente tornò ad essere quella di sempre. Quando aprì gli occhi, sembrava completamente ubriaca. Proprio così, era ubriaca di Beatitudine Divina.

Nayana allora indicò il piccolo Shakti Prasad, che era venuto con noi, e disse: "Tuo figlio, tuo figlio." Rimanemmo sorpresi ancora una volta, perché sapevamo tutti che Shakti Prasad era stato concepito per grazia di Amma. Il fatto che Nayana sapesse che Shakti Prasad fosse figlio di Amma era una dimostrazione che non era così pazzo come sembrava.

Dopo essere saliti sul furgone, Amma disse: "L'altra volta Nayana ha capito chi ero e adesso ci stava aspettando perché voleva vedere la mia vera natura. Questo è il motivo per cui si è manifestato di fronte al furgone e poi è scomparso. L'ho capito e quindi, quando mi sono seduta di fronte a lui, è sorto nella mia mente il bisogno di soddisfare il suo desiderio. Vedendo il Bhava divino di Kali, Nayana si è immedesimato nel Bhava di Shiva e ci siamo immersi assieme nella Beatitudine Trascendentale."

Dopo questo episodio, il resto del viaggio fu molto tranquillo, e raggiungemmo l'Ashram giusto in tempo per il Devi Bhava.

Il giorno dopo, Amma era sdraiata sulla sabbia di fronte alla capanna. Dopo un po' rientrò e mi disse: "Nayana Swami è appena venuto a trovarmi." Io guardai fuori ma non vidi nessuno. "No, no, non in quel senso. E' venuto nella sua forma sottile e poi se ne è andato." Vivendo con Amma ci si rende conto a poco a poco che ciò che vediamo è solo una parte del Creato di Dio.

Un giorno una signora entrò nell'Ashram, si diresse verso uno dei brahmachari che stava meditando di fronte al tempio e gli soffiò nelle orecchie. Lui rimase, naturalmente, stupito. Dopo aver fatto ciò, la signora se ne andò; aveva l'aspetto di una donna di paese. Amma la vide arrivare ed andarsene e disse che la signora doveva essere un Mahatma. Chiesi ad Amma perché pensasse questo; una persona pazza avrebbe potuto comportarsi nello stesso modo. Amma disse: "Altrimenti, come avrebbe fatto a sapere che quel brahmachari soffre di un ascesso alle orecchie? Ci sono tanti Mahatma in giro, e la gente non li riconosce."

Ogni mattina eravamo soliti meditare per un po' con Amma, seduti all'aperto di fronte alla sua capanna. Un mattino io arrivai in ritardo e mi sedetti senza far rumore a pochi metri da Amma. Chiusi gli occhi e, nel giro di qualche secondo, la mia mente divenne completamente immobile; poco dopo riprese le sue solite "acrobazie da scimmia". Rimasi seduto ancora una mezz'oretta, poi mi alzai ed entrai nella capanna. Amma entrò e mi chiese: "Figlio mio, hai avuto qualche esperienza oggi, durante la meditazione? Quando sei venuto a sederti vicino a me, la mia mente si è rivolta verso di te, ha preso la forma di Brahman e ti è venuta vicino."

Negli anni seguenti, questo divenne per me un segno che Amma mi stava pensando. Succedeva spesso che, anche se ero fisicamente lontano da Amma, la mia mente diventava immobile ed un intenso pensiero di Amma occupava la mia coscienza. A volte questo accadeva mentre stavo parlando con qualcuno e, in quei casi, dovevo smettere di parlare e rimanevo senza parole come uno stupido. Questo mi convinse che Amma con il solo pensiero avrebbe potuto donarmi la Realizzazione che così a cui tanto aspiravo. Amma mi disse che era proprio così. Quattro giorni dopo averla incontrata per la prima volta, ero tornato a Tiruvannamalai. Durante il viaggio in treno sentii diversi profumi divini, ebbi la sensazione che Amma fosse lì con me e, durante il mio soggiorno a Tiruvannamalai, mi misi a piangere spesso per il desiderio di vederla. Quando ritornai da lei un mese e mezzo dopo, le chiesi una spiegazione di questi fenomeni. Lei confermò quello che pensavo, che in quei momenti lei stava pensando a me e che il suo pensiero intenso mi aveva benedetto con quelle esperienze. Quello che non si può raggiungere nemmeno dopo anni di pratiche spirituali si può ottenere in un attimo grazie al pensiero o allo sguardo di un Satguru, un Saggio Perfetto.

C'è una bellissima storia di un re della Persia. Era molto interessato alla vita spirituale e ricercava sempre la compagnia dei santi, però viveva in un tale lusso che dormiva addirittura su un letto sempre ricoperto da uno strato di fiori spesso trenta centimetri. Una sera, mentre stava per coricarsi, sentì un rumore provenire dal tetto del palazzo, proprio sopra la sua stanza. Andò a dare un'occhiata e scoprì due uomini che vagavano sul tetto.

"Che cosa state facendo qui?" chiese lui in tono secco.

"Sire, siamo due cammellieri e stiamo cercando i cammelli che abbiamo perso" risposero loro.

Meravigliato dinanzi a tanta stupidità, egli disse loro: "Come potete mai aspettarvi di trovare dei cammelli sul tetto di un palazzo?"

"Oh re, visto che tu stai cercando di realizzare Dio in un letto di fiori, non possiamo noi aspettarci di trovare dei cammelli sul tetto di un palazzo?" replicarono loro.

Questa risposta colpì moltissimo il re che, in seguito a queste parole, cambiò completamente stile di vita. Lasciò il regno e si recò in India alla ricerca di un Guru Realizzato. Quando arrivò a Benares, sentì parlare di un Guru chiamato Kabir. Andò a casa sua e gli chiese di accettarlo come suo discepolo.

Kabir disse: "Un re ed un semplice tessitore come me non hanno niente in comune; due persone così diverse non potrebbero andare d'accordo."

Ma il re lo supplicò e gli disse: "Non sono venuto alla tua porta da re, ma da mendicante. Ti imploro di esaudire il mio desiderio." Loi, la moglie di Kabir, provò simpatia per il re, e chiese al marito di accettarlo. Alla fine, Kabir acconsentì.

Al re vennero affidati i compiti più umili, come pulire la lana ed i fili, andare a prendere l'acqua, raccogliere la legna, e altri lavori di questo tipo. Passarono sei anni ed il re continuava a fare il suo lavoro senza battere ciglio. Un giorno Loi supplicò Kabir, dicendogli: "Questo re è con noi ormai da sei anni. Mangia quello che gli diamo, e fa quello che gli diciamo senza mai lamentarsi. Credo che si meriti l'iniziazione."

Kabir disse: "Per quello che posso capire, la mente del re non è ancora pura e limpida." Ma Loi continuò a supplicarlo, dicendo di non credere che il re non fosse pronto per l'iniziazione. "Se non mi credi, " disse Kabir alla moglie, "fai una prova. Raccogli tutta l'immondizia che trovi e portala sul tetto: la prossima volta che vedi il re uscire di casa versagliela tutta in testa. Poi vieni a dirmi cos'hai sentito uscire dalla sua bocca."

Loi fece come le era stato detto e, mentre l'immondizia gli cadeva in testa, il re guardò in alto, sospirò e disse: "Se fossimo in Persia non avresti osato farmi una cosa simile."

Loi ritornò dal marito e gli riferì quello che aveva detto il re. Kabir commentò: "Non te l'avevo detto che il re non meritava ancora del tutto l'iniziazione?"

101

Amma con Mayi Amma

Passarono altri sei anni, durante i quali il re continuò a lavorare sodo, proprio come aveva fatto nei primi sei anni. Un giorno Kabir disse a sua moglie: "Adesso il recipiente è pronto a ricevere il dono." Sua moglie disse: "Non vedo alcuna differenza fra il re di sei anni fa e quello di adesso. Ha sempre fatto il suo dovere di buon grado e non si è mai lamentato, nemmeno quando non c'era abbastanza da mangiare." Kabir disse: "Se vuoi vedere la differenza, puoi di nuovo rovesciargli l'immondizia in testa."

Quindi il giorno dopo, quando il re uscì di casa, Loi fece esattamente quello che le aveva detto il marito. Il re guardò in alto e disse: "Che tu sia benedetta. La mia mente è ancora piena di ego. Deve essere trattata in questo modo."

Loi andò dal marito e gli riferì quello che il re aveva detto. Kabir chiamò il re e lo guardò. Grazie al potere dello sguardo di Kabir, la mente del re si elevò e si fuse nell'Essere Supremo.

"La tua sadhana è completa. Adesso torna al tuo regno" disse Kabir.

Tale è il potere di un'Anima Realizzata. Bisogna cercare la compagnia di un Guru, e impegnarsi per ricevere la sua Grazia. Se si cerca di fare la sadhana da soli, si spreca molto tempo cercando di raggiungere la meta finale a forza di tentativi ed errori. Anche se si ha un Guru, ci saranno tanti ostacoli, interiori ed esteriori. Perché non cercare di avere più aiuto possibile e raggiungere la meta senza perdere tempo? Per quanto si studino libri spirituali e si pratichi la meditazione, ci si troverà comunque di fronte a tanti aspetti sottili della vita spirituale che non si saprà come affrontare. I santi che hanno percorso lo stesso cammino e hanno raggiunto la destinazione finale sono l'aiuto più grande. E sono rarissimi.

Una sera, mentre ero seduto accanto ad Amma di fronte al tempio, le chiesi: "Amma, che cosa devo fare per realizzare Dio?"

Raccogliendo una manciata di sabbia, Amma disse: "Devi diventare come questa sabbia. La sabbia permette a tutti di calpestarla senza lamentarsi. E' la cosa più umile che ci sia. Allo stesso modo, quando diventerai niente, proprio in quello stesso istante, diventerai il Tutto. L'individualità deve sparire. Soltanto allora potrà splendere in te l'Esistenza Universale. E' questo l'obiettivo di tutte le pratiche spirituali."

La parola "Mahatma" significa grande anima. Molti aspiranti spirituali hanno l'idea grandiosa di arrivare ad ottenere un grande potere spirituale e diventare quindi un Mahatma. Ma chi è un vero Mahatma? E' colui che ha distrutto l'ego, che ha rinunciato alla sua individualità e si è fuso nell'Essere Universale. Questi soltanto sono i segni distintivi di una grande anima. Queste qualità non esistono in una persona egocentrica che è alla ricerca del potere. Il potere spirituale diventa accessibile soltanto quando si è conquistato l'ego. Dio non darà i Suoi tesori ad una persona che vuole mantenere un'identità separata.

Un giorno venne a Vallickavu un signore di Hyderabad. Disse di essere un devoto della Madre Divina e di aver praticato la sadhana per molti anni per ottenere la grazia della Devi. Aveva sentito parlare di Amma e desiderava sedersi nel tempio durante il Devi Bhava e recitare il *Devi Mahatmyam*, un antico e famoso canto sanscrito in lode alla Madre Divina. Amma acconsentì. Quel giorno, dopo pranzo, Amma, Gayatri ed io stavamo riposando sotto un albero. Anche questo signore era disteso sotto un albero, ad una quindicina di metri di distanza. Dopo circa cinque minuti Amma incominciò a ridacchiare. Ci guardò e disse: "Quest'uomo è un esperto di magia nera. Ha imparato a memoria moltissimi mantra che gli permettono di controllare gli spiriti maligni che vivono nel mondo sottile. Con il loro aiuto, può combinare un bel po' di guai."

Io fui sorpreso di queste parole e dissi: "Amma, come fai a dire una cosa simile? Non hai avuto neanche il tempo di osservarlo."

"Non ho bisogno di tempo per capire chi è qualcuno. La brezza che ha sfiorato il suo corpo ha trasportato fino a me quei mantra."

Quando sentii le parole di Amma mi venne la pelle d'oca. All'improvviso mi si aprì uno spiraglio sul mondo di Amma. Rimasi senza parole e la mente mi si paralizzò. Osservando Amma con la nostra visione limitata, come possiamo capire chi è lei veramente e come percepisce questo mondo? Noi viviamo in una stanza chiusa, al buio, mentre Amma è fuori all'aperto, alla luce. Niente è fuori dal raggio della sua visione. Conosciamo tutti il detto: "Non si può nascondere nulla all'occhio di Dio che tutto vede." Ciò che per l'uomo comune è un semplice modo di dire, diventa un'esperienza diretta alla presenza di un'Anima Realizzata. Se si vive in compagnia di persone simili, anche per poco, non si diranno più con noncuranza frasi del tipo: "Dio non voglia", "lo sa solo Dio", "dimenticato da Dio". Per l'uomo comune Dio è soltanto una parola. Ma quando si vive con un Mahatma si è pienamente consapevoli che Dio esiste.

Quella era una notte di Devi Bhava. Il nostro amico, il mago nero (l'avevamo soprannominato così) entrò nel tempio e si sedette vicino a me. Aveva in mano il libro, ed era pronto a recitare il *Devi Mahatmyam*, ma per qualche ragione divenne molto inquieto e continuava a guardarsi attorno. Dopo essersi agitato per una quindicina di minuti, infine si alzò e uscì dal tempio senza aver recitato il canto.

Il mattino dopo venne da me e mi disse che aveva deciso di partire. Gli chiesi che fretta c'era e lui mi rispose che doveva ancora recarsi in pellegrinaggio in diversi altri luoghi. Gli chiesi allora perché non avesse recitato il *Devi Mahatmyam* la sera prima, ma non rispose. A quel punto gli chiesi maliziosamente se conoscesse la magia nera. Lui impallidì e mi rispose di no. Allora gli riferii quello che Amma aveva detto di lui. A quel punto fece un'espressione come se volesse scappare dall'Ashram a gambe levate, e poi disse: "E' vero che ho studiato quei mantra molto tempo fa, ma non li ho mai usati su nessuno." Chi poteva sapere se stesse dicendo o no la verità? Io comunque non volevo metterlo più a disagio di quanto già non fosse e, cambiando argomento, gli chiesi se voleva salutare Amma prima di partire. Questo probabilmente lo fece sentire ancora più a disagio, visto che era stata Amma a smascherarlo. Ma, forse per educazione, disse di sì.

Entrammo allora nella capanna di Amma, e lei era lì che parlava con dei devoti. Guardandolo con un sorriso, Amma disse: "Figlio mio, quanti figli hai, e con quante donne? Quindici? Venti? Non devi usare quei brutti mantra per nessuna ragione. E non solo, non devi bere alcolici e praticare sesso illecito nel nome del tantra. Ciò ti condurrà solo alla rovina. Ti può sembrare di star facendo dei progressi spirituali seguendo quel sentiero ma, senza la guida di un Guru che abbia raggiunto la Realizzazione praticando il tantra, ci si rovina soltanto."

Sentendo ciò, l'uomo iniziò a sollevare obiezioni ma, dopo aver riflettuto un attimo, si rese conto della verità delle parole di Amma ed ammutolì. S'inchinò ad Amma e se ne andò, senza far più ritorno. Circa un mese dopo, un altro signore di Hyderabad venne a trovare Amma. Ci disse che conosceva quell'uomo, e che faceva proprio tutte quelle cose che aveva menzionato Amma.

Questo avvenimento mi fece riflettere su quale sarebbe stato il destino di quest'uomo, e di altri che come lui si ingannano e ingannano anche gli altri. Non dovranno soffrire, dopo la morte, o in una vita futura? Ciò generò una domanda ancora più grande nella mia mente, cioè cosa succeda dopo la morte del corpo. Chi avrebbe potuto rispondere a queste domande meglio di Amma, che "era morta" per otto ore, dopo che suo padre le aveva chiesto, durante un Devi Bhava, di "restituirgli" sua figlia?

Il giorno dopo chiesi ad Amma: "Amma, nelle *Upanishad* c'è la storia di un ragazzo che si è recato nel mondo della morte e ha chiesto al Signore della Morte, Yama, se si continua ad esistere dopo la morte del corpo. Amma, tu vedi tutti i mondi all'interno del tuo Sé. Ti prego, dimmi cosa succede quando lasciamo il corpo fisico."

Amma assunse un'espressione molto seria e disse: "Facendo una domanda sulla vita dopo la morte, stai facendo una domanda anche sulla dottrina del karma. Analizzare la legge del karma non è così importante. La cosa che importa è riuscire ad uscirne, ad andare oltre il ciclo del karma, che è dovuto all'ignoranza del nostro vero Sé.

"Le azioni negative compiute in passato possono non dare il loro frutto nell'immediato futuro, e la stessa cosa vale per le buone azioni. A volte vediamo una persona senza virtù che ha una vita apparentemente piacevole, e una brava persona che soffre senza un apparente motivo. Questo sembra contraddire la legge del karma; e a volte pensiamo che una tale legge non esista nemmeno. Però, per comprendere la sua importanza, bisogna esaminare e valutare la legge del karma da una prospettiva di coscienza più elevata; e per sollevarsi e comprendere il karma da quel livello, sono necessarie la fede e le pratiche spirituali. Qui il criterio non è l'intelletto, ma l'intuizione spirituale.

"Tutta la vita si muove in cicli; l'intero universo è ciclico. Proprio come la terra si muove intorno al sole in un ciclo regolare, tutta la Natura si muove in modo ciclico. Le stagioni si muovono ciclicamente: primavera, estate, autunno, inverno, poi di nuovo la primavera e così via. L'albero viene dal seme e l'albero, a sua volta, fornisce i semi da cui cresceranno nuovi alberi. E' un ciclo. Allo stesso modo, c'è nascita, infanzia, età adulta, vecchiaia, morte, e di nuovo nascita. E' un ciclo continuo. Il tempo ha un movimento circolare, non lineare. Il karma e i suoi risultati devono essere inevitabilmente sperimentati da ogni essere vivente, finché la mente non si placa e si può dimorare soddisfatti nel proprio Sé.

"I cicli continuano a perpetuarsi, sotto forma di azione e reazione. Il tempo scorre in cicli: ciò non significa che continuino a verificarsi sempre gli stessi eventi; piuttosto il *jivatman* (l'anima individuale) assume forme diverse a seconda delle sue vasana (tendenze latenti). Le reazioni sono i risultati delle azioni compiute in passato. Il tutto va avanti in questo modo. E mentre il ciclo della vita si ripresenta, le azioni del passato danno il loro frutto. Non sappiamo quando verrà il frutto, o come sarà, o in che modo si manifesterà. Questo è un mistero noto solo al Creatore. O ci si crede, oppure no. Sia che ci si creda o no, la legge del karma continua ad operare, e i frutti arrivano. Il karma è senza inizio, ma finisce quando si abbandona l'ego, quando si raggiunge lo stato della Realizzazione.

"L'uomo evolve e diventa Dio. Ogni essere umano è essenzialmente Dio. L'evoluzione da uomo a Dio è un processo lento. Richiede molti tagli, rifiniture e lucidature. Serve molto lavoro e richiede una grande pazienza. Non si può fare in fretta. La rivoluzione è veloce, ma uccide e distrugge. L'uomo è rivoluzionario; Dio è 'evoluzionario'.

"Il ciclo della vita si muove lentamente e regolarmente. Viene l'estate, non ha mai fretta, ci mette il tempo necessario. Anche le altre stagioni, autunno, inverno e primavera, ci mettono il tempo giusto. Dietro questo mistero c'è il potere invisibile di Dio. Quel potere non può essere analizzato, bisogna semplicemente aver fede che esiste.

"Cercate di dimenticarvi del ciclo del karma. Non c'è bisogno di pensare al passato, è un capitolo chiuso. Quel che è fatto è fatto. Affrontate il presente. Quello che importa è il presente, perché il nostro futuro dipende interamente da come viviamo il presente. Soltanto quando la presenza di Dio permea ogni momento della nostra vita, siamo davvero nel presente. Fino a quel momento, o viviamo nel passato o nel futuro. Il presente è in questo momento, ma ce lo perdiamo sempre. Quando viviamo nel momento, siamo davvero presenti; il momento successivo non ha importanza. Se viviamo nel momento, in Dio, nel Sé, la legge del karma per noi smette di funzionare.

"Il potere del karma getta un velo sulla nostra vera natura e, allo stesso tempo, crea in noi il desiderio di realizzare la Verità, ci riporta al nostro vero stato d'essere. Il ciclo del karma è un grande trasformatore, se si hanno occhi per vedere. Esso ci porta questo importante messaggio: 'La tua vita è l'effetto del passato. Quindi, fa' attenzione. I tuoi pensieri e le tue azioni del presente determineranno il tuo futuro. Se fai del bene, verrai premiato, ma se commetti degli errori o delle cattive azioni, queste azioni ritorneranno a te con la stessa intensità.' E per il vero aspirante spirituale, c'è un altro messaggio importante: 'E' meglio fermare completamente il ciclo. Chiudi il conto e diventa libero per l'eternità.' Tutte queste spiegazioni sul karma servono a trattenere gli esseri umani dal fare del male a se stessi e agli altri, e ad impedir loro di allontanarsi dalla loro vera natura, da Dio.

"Niente accade per caso. Il Creato non è un caso. Il sole, la luna, l'oceano, gli alberi e i fiori, le montagne e le vallate non sono un caso. I pianeti girano attorno al sole senza deviare nemmeno di un centimetro dalla loro orbita prestabilita. Gli oceani ricoprono la maggior parte del pianeta, ma non inghiottono la terra. Se questo bellissimo Creato fosse un caso, non sarebbe così ordinato e sistematico. L'universo sarebbe un caos. Ma guarda il fascino e la squisita bellezza del Creato, la sua complessa perfezione. Si può chiamare un caso? La bellezza e l'ordine che pervadono tutto il Creato testimoniano che ci sono un grande cuore ed un'intelligenza inimmaginabile dietro ogni cosa.

"Il nostro passato non è soltanto il passato di questa vita, non risale soltanto alla nascita di questo corpo. Il passato è costituito da tutte le nostre vite precedenti, attraverso le quali abbiamo viaggiato con forme e nomi diversi. Non possiamo conoscere nemmeno il futuro; esso non è sotto il nostro controllo. Non possiamo predire cosa accadrà domani. La verità del karma è quindi più una questione di fede che altro. Proprio come le onde dell'oceano appaiono in forme e grandezze diverse, la forza vitale assume varie forme a seconda delle tendenze accumulate da ognuno.

"Una volta che avrete realizzato il Sé, saprete tutto sul karma. I misteri delle vostre vite precedenti vi verranno rivelati. Scoprirete il segreto dell'universo intero, di tutto il Creato. Soltanto la Realizzazione del Sé farà luce su questi misteri. Quando raggiungerete la Perfezione saprete che il vero Sé era ed è sempre presente. Scoprirete che il vero Sé non è mai nato e non morirà mai, e che non è mai soggetto alla legge del karma.

"Non c'è garanzia per il futuro, e nemmeno per l'attimo successivo. Soltanto la morte è certa. Il momento presente è vero; il momento seguente può portare la morte, chi lo sa? Una persona che è riconoscente per tutto abbandonerà ogni cosa per abbracciare la morte con un sorriso. Per una persona così, la morte è bella; per lei la morte non è un nemico di cui aver paura anzi, la morte diventa la sua migliore amica. La morte non è la fine; è l'inizio di un'altra vita."

Capitolo 6

La grazia della fede

Un giorno arrivò una lettera di mio fratello Earl dall'America. Disse che gli sarebbe piaciuto venire a conoscere Amma, di cui gli avevo parlato quando ero stato in America. Arrivò due settimane dopo. Gli feci vedere la mia stanza, che non era altro che una parte della capanna. Fu un po' sorpreso vedendo le mie condizioni di vita. Si sedette sul letto e incominciammo a parlare. Proprio in quel momento Amma entrò nella stanza e si sedette sul letto accanto a lui. Amma lo guardò per bene e gli diede un pizzicotto sul braccio, dicendo: "Sei un po' grasso, vero?" Senza alcuna ragione apparente Earl scoppiò a piangere. Io pensai che Amma gli avesse dato un pizzicotto molto doloroso, ma non era quella la ragione. Io non l'avevo mai visto piangere in tutta la mia vita. Amma mi guardò con un sorriso birichino sul viso. Nel frattempo, Earl singhiozzava come un bambino. Amma fu molto divertita da tutti i suoi tatuaggi e li esaminò con attenzione. Gli ricoprivano le braccia ed erano in "technicolor": c'erano un Krishna, un Buddha, il serpente della *kundalini* ed altri soggetti spirituali. Earl assomigliava proprio ad un poster spirituale ambulante. Più piangeva, più Amma sorrideva. Infine riuscì a riacquistare una calma apparente, ma non riusciva a dire una parola. Amma rimase lì seduta ancora per qualche minuto e poi se ne andò. Era ovvio che Earl aveva appena ricevuto lo shock della sua vita. Questo fu il suo primo incontro esplosivo con la Madre Divina, ma c'erano altre esplosioni in serbo per lui.

Earl mi chiese se avevo qualche libro sul Signore Krishna, così andai nella biblioteca dell'Ashram a prendere il *Bhagavatam*. Lui passava molto tempo a leggere nella mia stanza, ma tutte le volte che arrivava alla parola "Krishna" scoppiava a piangere. Come se non bastasse, si metteva a piangere anche tutte le volte che sentiva la voce di Amma. Non appena si avvicinava ad Amma durante il Krishna Bhava cominciava a piangere e a tremare in modo incontrollabile. Allora veniva da me, si sedeva e si nascondeva dietro al mio *dhoti* (il capo d'abbigliamento che gli uomini indiani indossano dalla vita in giù, una specie di pareo). Dopo aver passato diversi giorni in questo stato decise infine che voleva discutere della faccenda con Amma. Io entrai nella capanna in cui si trovava Amma e le chiesi se potevo accompagnare Earl da lei, e Amma disse di sì.

Dopo essere entrati nella stanza, Amma fece segno ad Earl di sedersi vicino a lei sul letto. Io iniziai a dirle che c'erano alcune domande che lui voleva farle, ma prima che potessi aggiungere altro, lui scoppiò di nuovo a piangere. Amma lo abbracciò e nel frattempo guardava me con uno sguardo furbetto ed un gran sorriso sul volto. Questo andò avanti per una decina di minuti, dopo di che immagino che Amma smise di premere il "pulsante delle lacrime", pensando che Earl avesse pianto abbastanza. Alla fine, lui riuscì a fare la sua domanda:

"Voglio soltanto dire che non mi piace quando non capisco quello che mi sta succedendo. Da quando sono arrivato, mi sembra di aver contratto un qualche tipo di debolezza mentale. Altrimenti, perché mai piango in continuazione?"

Amma gli sorrise con dolcezza e disse: "Nel profondo del nostro cuore siamo tutti figli di Dio ma, quando cresciamo, il bambino interiore viene ricoperto da un guscio duro costituito da tutte le nostre cattive azioni. Lussuria, rabbia, gelosia, disonestà, avidità, orgoglio ed altre tendenze negative di questo tipo costruiscono il guscio. Infine il piccolo, tenero bambino diventa duro come una roccia. Ma alla presenza di Dio o di un'Anima Realizzata, quel guscio incomincia a sciogliersi e ad incrinarsi, e quindi la persona inizia a piangere come un bambino. La persona a cui succede questo è molto fortunata. La purezza che non si può raggiungere attraverso molte vite di pratiche spirituali si guadagna in pochi istanti grazie a queste lacrime."

Earl fu molto contento e sollevato nel sentire la spiegazione di Amma, ma dopo qualche giorno la sua mente tornò a dubitare. Quella sera, proprio prima del Krishna Bhava mi disse: "Penso che tutto questo piangere sia dovuto a qualche mia debolezza. Questa sera ho deciso che, qualsiasi cosa succeda, non scoppierò a piangere." A molti figli di Amma succede di prendere questa decisione risoluta ma, di fronte al maremoto della sua Energia Divina, il castello di carte dell'ego umano, costruito con tanta cura, non riesce a rimanere in piedi.

Earl entrò coraggiosamente sul campo di battaglia, nel tempio, e si avvicinò ad Amma durante il Krishna Bhava. Non si mise né a tremare né a piangere. Io ero venuto nel tempio per assistere alla sua vittoria, o alla sua sconfitta. Amma mi sorrise come per dirmi che era pienamente a conoscenza del suo piano, dal momento stesso in cui era stato concepito. Dopo aver ricevuto il darshan di Amma, Earl mi venne vicino con uno sguardo di sicurezza sul volto. A quel punto io uscii e mi sedetti di fronte al tempio con altri devoti. Anche Earl uscì. Ma non appena mise piede fuori dalla porta del tempio si fermò, rigido ed immobile, con una strana espressione sul viso, e poi si precipitò verso il retro dell'Ashram. A ciò fece seguito un urlo acuto ed angoscioso, tanto che diversi devoti si precipitarono a vedere cosa stesse succedendo. Ovviamente si trattava di Earl! Alcuni devoti vennero da me a chiedermi se mio fratello stesse male, o se soffrisse di qualche dolore acuto. Io sorrisi e dissi che non ne sapevo niente.

Quando finì il Krishna Bhava entrai nella mia stanza per riposare un po'. Earl era lì seduto con la coda fra le gambe, cercando di leggere un libro. Gli chiesi se c'era qualcosa che non andava. Lui rispose: "Avrai visto cos'è successo nel tempio stasera. Sono riuscito in qualche modo a controllarmi quando sono andato al darshan; anche se avevo cominciato a piangere sono riuscito a fermarmi. A quel punto ho pensato di aver ragione, e che tutto questo piangere fosse solo una questione emotiva. Ma non appena sono arrivato alla porta del tempio, una tremenda corrente di energia mi è partita dalla base della spina dorsale e quando ha raggiunto la testa è esplosa come un fuoco d'artificio. In quel momento mi sono convinto che Amma è un'Incarnazione Divina. Chi altri avrebbe potuto farmi una cosa simile?"

Alcuni giorni dopo Earl ritornò in America. Mi disse in seguito che da quel momento in poi non c'era stato giorno in cui non fosse scoppiato a piangere pensando ad Amma. L'anno dopo tornò a Vallickavu e chiese ad Amma di dargli la benedizione di avere un bambino, perché sua moglie non concepiva da molti anni. Amma lo benedisse ed infatti, dopo non molto, sua moglie rimase incinta e diede alla luce un bambino precoce ed intelligente. Nei due anni seguenti, egli tornò a Vallickavu con moglie e bambini. Infine decise di mettersi a studiare legge. Era già sulla quarantina e prendere una laurea a quell'età è molto difficile. Quando ne parlò con Amma, lei disse: "Ci sono molti ostacoli sul tuo cammino verso la laurea, ma ci penserà Amma." Durante tutto il corso degli studi non era mai certo se avrebbe superato gli esami o meno. Allora scrisse ad Amma, chiedendole ancora una volta di benedirlo, cosicché potesse passare gli esami. Quando lessi la lettera ad Amma, lei disse: "E' diventato negligente nello studio. Digli di fare più attenzione, e me ne occuperò io." Quando vidi Earl la volta successiva, mi disse che Amma aveva avuto assolutamente ragione e che, dopo essersi impegnato di più, non aveva più avuto alcun problema negli studi. Infine ottenne la laurea e diventò avvocato.

E' sempre una fonte d'ispirazione incontrare i devoti che vengono da Amma e ascoltarli raccontare come abbiano sviluppato fede in lei come Madre Divina. C'era un professore d'inglese che veniva regolarmente al darshan. Da giovane aveva avuto forti tendenze spirituali, avrebbe infatti voluto rinunciare al mondo e diventare monaco. Ma sfortunatamente era figlio unico e se si è l'unico figlio di una famiglia indiana bisogna assolutamente sposarsi, fare dei figli e portare avanti il nome di famiglia. Allora il giovane acconsentì a sposarsi e prese in moglie una ragazza virtuosa. La prima notte di matrimonio disse a sua moglie: "Per volontà di Dio non ho potuto farmi monaco e mi sono dovuto sposare. Mi riterrò soddisfatto se almeno uno dei miei figli potrà fare una vita di rinuncia. Quindi, prima di dormire assieme, ti chiedo di acconsentire che il nostro primo figlio venga dedicato alla Madre Divina e che venga instradato verso una vita religiosa." La ragazza acconsentì senza esitare e, dopo qualche tempo, diede alla luce un figlio. Entrambi si dimenticarono però del voto, e le loro vite continuarono. Col passare degli anni, il figlio divenne soggetto a molti problemi di salute, e furono consultati diversi dottori, ma senza alcun risultato. Infine un giorno sentirono parlare di Amma, che viveva solo ad un paio di ore dal loro paese. Il bambino aveva ormai sette anni. L'uomo decise allora di recarsi da Amma, sperando che lei avrebbe potuto fare qualcosa per suo figlio. Quando arrivò, il Devi Bhava era già incominciato. Entrò nel tempio e si inchinò di fronte ad Amma. Quando rialzò la testa, Amma gli chiese sorridendo: "Dov'è tuo figlio? Perché non Me l'hai portato? Non ti ricordi che la prima notte di matrimonio hai promesso di offrirMi il tuo primo figlio?" E' inutile dire che l'uomo rimase sbalordito e che da quel momento in poi ebbe la fede incrollabile che Amma fosse la Madre Divina in persona.

Anche gli animali avevano il loro ruolo negli eventi dell'Ashram. Una notte, durante il Devi Bhava, uno dei vitelli dell'Ashram incominciò a gemere pietosamente come se stesse molto male. Tutti noi, ad eccezione di Amma che era nel tempio per il darshan, andammo a vedere cosa stesse succedendo. Il vitello giaceva al suolo in preda alle convulsioni. Non c'era molto che potessimo fare e riferimmo ad Amma quello che stava succedendo. Non appena finì il Devi Bhava, Amma si precipitò nella stalla e si mise la testa del vitello in grembo. Disse a qualcuno di andare nel tempio a prendere l'acqua benedetta e, dopo averla ricevuta, la versò nella bocca del vitello e fece un segno con le mani come a voler dire: "Adesso vai." Dopo qualche secondo il vitello esalò l'ultimo respiro. Amma si girò verso di noi e disse: "Questo vitello era un sannyasi nella sua vita precedente. Per qualche motivo aveva sviluppato un attaccamento ad una mucca e quindi è rinato sotto forma di mucca. Ma poiché era stato un monaco, è rinato in un Ashram e ha avuto il beneficio della compagnia di santi e devoti. E' stato benedetto dal suono della ripetizione dei Nomi di Dio ed è stato nutrito dalle mani di aspiranti spirituali. Adesso ha ottenuto una nascita più elevata."Questo è il misterioso funzionamento del karma. Sentendo la spiegazione di Amma, la tristezza che provavamo a causa della scomparsa improvvisa del vitello sparì. Amma ci disse in seguito che quella notte avrebbe dovuto morire sua madre. Infatti quel giorno Amma l'aveva avvertita di prepararsi al peggio. Amma disse che aveva deciso di estendere la vita di sua madre trasferendo la morte al vitello e, in questo modo, portando anche a compimento il karma del vitello. Amma ci disse anche che aveva fatto la stessa cosa per centinaia di persone che erano venute da lei nel corso degli anni. Vedeva che il loro momento di andarsene si stava avvicinando e che la loro morte avrebbe creato tremende difficoltà alle famiglie e così, per compassione, allungava loro la vita. Chiedeva loro di comprare una mucca, una gallina, un cane o un gatto e nel giorno predestinato gli animali morivano al posto loro. Sentendo ciò, ci rendemmo conto che Amma ha nelle sue mani non solo la propria vita e la propria morte, ma anche la vita dei devoti.

Una sera ero in piedi all'aperto a parlare con Srikumar. All'improvviso lui emise un urlo e cadde a terra. Esaminando il piede scoprimmo due segni che sembravano proprio rivelare il morso di un serpente. Corremmo immediatamente da Amma e le raccontammo quello che era successo. Lei si precipitò da Srikumar, gli prese il piede tra le mani, succhiò il veleno dalla ferita e lo sputò via. Col passare del tempo Srikumar era in preda a dolori sempre più forti che infine divennero insopportabili. Amma gli restò seduta accanto per tutta la notte, confortandolo e dicendogli che non c'era niente di cui preoccuparsi. Ma i devoti pensavano che si dovesse portare da un dottore per essere curato per avvelenamento. Amma diede il suo consenso e i devoti lo portarono via. Quando il dottore vide la ferita e gli altri sintomi, disse che Srikumar era stato morso da un serpente estremamente velenoso ma, stranamente, nel suo sangue non c'era traccia di veleno. Srikumar ritornò all'Ashram quella stessa notte, sempre in preda a dolori strazianti, che diminuirono soltanto il giorno dopo.

Amma gli spiegò: "Figlio mio, ieri eri destinato ad essere morso da un serpente ovunque ti trovassi. Però, visto che eri in presenza di Amma, non ti è successo niente di male. Sapendo quello che ti sarebbe successo, ieri non ti ho permesso di andare a casa, anche se fin dal mattino non hai fatto altro che chiedermelo." Quando Srikumar, dopo essere tornato a casa, consultò il suo oroscopo, scoprì che proprio quel giorno era destinato a soffrire di avvelenamento. Pensando alla grazia di Amma fu sopraffatto dall'emozione e pianse al pensiero della sua compassione.

Ci si può chiedere perché Amma non abbia semplicemente evitato che Srikumar venisse morso da un serpente, visto che sapeva che sarebbe successo. Amma dice che dopo essersi abbandonati a Dio o a un Guru Realizzato il proprio karma viene alleggerito di molto, ma bisogna comunque soffrire un po'. Per dimostrare questo punto Amma racconta una storia:

"C'era una volta un ricco proprietario terriero con due figli, che avevano due caratteri completamente diversi. Mohan era portato verso tutto ciò che era malvagio, mentre Sasi era nobile e religioso. Quando diventarono grandi, Mohan passava il suo tempo tra donne, vino e giochi d'azzardo, mentre Sasi si dedicava ad attività spirituali e partecipava ad incontri religiosi nei villaggi limitrofi. Mohan prendeva in giro la spiritualità del fratello e della famiglia. Pensava che fosse una vera sfortuna esser nato in una tale famiglia.

"Un giorno ci fu uno spettacolo di danza in un villaggio vicino, con una ballerina molto famosa. Mohan ne era il patrono e l'ospite d'onore. Gli fu dato un gran benvenuto. Quella sera c'era un incontro spirituale nello stesso villaggio e Sasi vi si recò. Mentre rientrava a casa ci fu un grande acquazzone e Sasi scivolò in un fosso e si ferì gravemente. I suoi amici lo portarono a casa e fu chiamato un dottore.

"Mohan, dopo essersi divertito alla festa con la ballerina, si diresse verso casa e scivolò nello stesso punto, ma non cadde. Il piede gli rimase incastrato in una grossa pietra. Guardando meglio, si accorse che si trattava di un grosso lingotto d'oro. Tutto felice se lo portò a casa e lo mostrò a tutti. Vedendo le condizioni di suo fratello, lo prese in giro dicendogli: "A cosa serve la tua religione? Sei andato a sentir recitare le sacre scritture e tornando a casa ti è capitato un incidente grave. Guarda me. Sono andato a divertirmi e sono stato premiato con un lingotto d'oro. Quando abbandonerai il tuo stile di vita all'antica? Se ci fosse un Dio, avrebbe senz'altro punito me e premiato te, invece..." Nacque una discussione tra tutti i presenti, cercando di stabilire chi avesse ragione, se il razionalista o il credente.

Il giorno seguente passò di lì un Mahatma. Il padre dei ragazzi lo invitò a casa loro e gli raccontò quello che era successo il giorno prima e quello che aveva detto Mohan. La domanda era: perché si era fatto male il ragazzo religioso, mentre quello cattivo era stato ricompensato? Il Mahatma disse: 'La notte dell'incidente Sasi era destinato a morire. Grazie alla sua devozione ed innocenza, si è soltanto ferito. La stessa notte Mohan era destinato a diventare un membro della famiglia reale, ma a causa delle sue cattive azioni, ha ottenuto solo un lingotto. Se non mi credete, consultate l'oroscopo dei due ragazzi.' Quando fu consultato l'oroscopo, si scoprì che le parole del santo erano corrette."

A volte anche più di mille persone venivano all'Ashram per i Bhava darshan. Amma restava nel tempio dal mattino fino al pomeriggio, ricevendo tutti, e poi la sera dava di nuovo il darshan a tutti, una volta in Krishna Bhava e poi in Devi Bhava. A quei tempi il Krishna Bhava durava dalle sette di sera fino a mezzanotte. Poi Amma veniva fuori e si sedeva con i devoti per una mezz'oretta, prima di incominciare il Devi Bhava, che a volte durava fino alle sei, le sette della mattina. Poi si riuniva con i devoti e restava con loro fin verso le undici. Poi incominciavano ad arrivare i giovani che sarebbero diventati brahmachari e Amma passava il resto della giornata con loro. La sera veniva di solito invitata a fare una *puja* (rito devozionale) a casa di qualche devoto che viveva nei paesi vicini. Di solito la puja incominciava verso mezzanotte e proseguiva fin verso le tre o le quattro del mattino e, quando era finita, Amma si tratteneva con i devoti fino all'alba, prima di tornare all'Ashram. E poi si ripeteva la stessa routine, a volte anche per dieci giorni di seguito. Nessuno di noi riusciva a tenere il passo di Amma: non avevamo forse bisogno di dormire un po'? Pensavamo che anche Amma avesse bisogno di dormire ogni tanto e provammo diversi stratagemmi per farla riposare un po'. Avevamo un ventilatore molto rumoroso che con il suo baccano copriva tutti gli altri rumori e questo divenne un mezzo efficace per isolare Amma dal mondo circostante. Anche dopo essersi coricata, se sentiva una voce, si alzava immediatamente per vedere se era qualcuno che era venuto a trovarla. Le scritture affermano che la Realizzazione del Sé è quello stato in cui il piccolo sé cessa di esistere e la gloria dell'esistenza altruistica brilla in tutto il suo splendore. La vita di Amma è un commento vivente a questo detto. Bisogna vedere per credere. In certi giorni, quando inaspettatamente arrivavano molti visitatori, i residenti dell'Ashram davano loro il proprio cibo. E allora, che cosa faceva Amma? Prendeva una pentola e andava di porta in porta per il paese, mendicando un po' di avanzi di riso per sfamarci. Era solita dire: "Un sannyasi non si deve vergognare. E nemmeno una madre si deve vergognare di mendicare il cibo per i suoi figli." Attraverso tali azioni Amma ci insegna non solo che cosa sia il vero distacco, ma anche che cosa sia il vero amore. Se si conduce una vita di famiglia in modo altruistico, si possono fare molti progressi spirituali. C'è una bella storia che illustra questo punto.

Durante un periodo di carestia, una famiglia di cinque persone dovette cercare in qualche modo di sfamarsi. Il padre si sottopose a molte disagi e privazioni per dar da mangiare alla sua famiglia, e per molti giorni rimase senza cibo. Per questa ragione morì di lì a poco. A questo punto, la madre si assunse la responsabilità della cura dei figli e si sottopose lei stessa a molte privazioni, debilitandosi al punto di non riuscire più a camminare. Vedendo le sue condizioni il figlio minore le disse: "Mamma, ti prego, riposati, andrò io a chiedere l'elemosina per tutti noi." La madre si sentì molto infelice al pensiero che suo figlio dovesse diventare un mendicante per procurar loro il cibo, ma non c'era altra scelta. Il ragazzo non mangiò per molti giorni, per dar da mangiare alla sua famiglia. Divenne così debole che camminava a stento; riuscì in qualche modo a raggiungere una casa e chiese un po' di soldi. Il padrone di casa era seduto sulla veranda ed offrì invece al ragazzo qualcosa da mangiare. A quel punto il ragazzo svenne. L'uomo lo prese tra le braccia. Il ragazzo stava mormorando qualcosa. L'uomo avvicinò l'orecchio alla bocca del ragazzo e ascoltò attentamente: "Il cibo che mi volete dare, vi prego, datelo prima alla mia mamma." Dopo aver pronunciato queste parole, il ragazzo perse conoscenza.

Questo tipo di amore familiare non esiste più oggigiorno. Guardate il nobile affetto che legava queste anime nell'amore disinteressato. Questo modo di vivere la vita di famiglia, purifica la mente e conduce alla Liberazione.

Nella mente di molte persone, particolarmente in India, c'è l'idea sbagliata che soltanto un monaco possa realizzare Dio. Ma nel corso degli anni ho incontrato alcuni devoti sposati che erano molto più avanti di tanti sannyasi che ho conosciuto. Ai tempi in cui mi recavo a Hyderabad, in Andhra Pradesh, divenni molto legato a un devoto sposato che abitava lì. Aveva incominciato la sua vita spirituale intorno ai quarant'anni e, quando lasciò il corpo intorno ai settantacinque, aveva realizzato Dio. Non aveva avuto certo una vita facile, ma d'altronde chi ce l'ha? Si alzava presto ogni mattina, compiva i suoi riti devozionali, faceva *japa* (ripetizione del mantra) e leggeva le scritture. Anche la sera, quando tornava dal lavoro, faceva lo stesso. Durante il giorno ripeteva continuamente il nome di Dio. Se scopriva che in città viveva un santo, lo invitava a stare a casa sua per tutto il tempo che voleva, trattandolo come un re. Oltre a ciò, organizzava delle celebrazioni religiose in casa sua, che duravano a volte una settimana intera. Anche il suo abbandono a Dio era esemplare. Una volta lo accompagnai all'ospedale a trovare un altro devoto che era malato. Mentre era seduto accanto al letto del malato, passò un'infermiera che trasportava un tendone su un'intelaiatura di metallo. Per qualche ragione questa si ribaltò e lo colpì sulla testa. Lui cadde a terra e perse i sensi per un attimo. Io temevo che si fosse fatto davvero male, ma un attimo dopo lui si alzò ridendo e disse: "Dio, ti ringrazio, Dio, ti ringrazio." Aveva molti problemi di salute che gli rendevano quasi impossibile viaggiare eppure, quando il dovere lo chiamava, si recava senza esitare dove c'era bisogno di lui. Era stato un uomo molto ricco ma, a causa dell'avidità dei suoi parenti, aveva perso tutto. I parenti gli avevano mandato tutti i loro figli perché li educasse e nutrisse, tutto a sue spese. Lui considerava tutto come la volontà di Dio per il suo progresso spirituale e si abbandonava a Dio senza riserve.

Se una persona sposata può tenere la mente costantemente impegnata nel pensiero di Dio attraverso il mantra japa, lo studio delle scritture, i riti devozionali, la rinuncia, la compagnia di santi e saggi, l'umiltà e l'abbandono a Dio, raggiungerà senz'altro la Realizzazione. Qualunque sia il proprio posto nella vita, è necessario uno sforzo intenso. Ma quello che normalmente succede è che l'uomo viene distratto dai molti oggetti attraenti del mondo e rimane attaccato alla terra. Tale è il potere di Maya, l'illusione universale del Signore.

C'era una volta un re molto virtuoso, che però non aveva figli. Con l'avvicinarsi della vecchiaia cominciò a interessarsi sempre di più alla spiritualità piuttosto che a faccende mondane e passava la maggior parte del tempo a studiare le scritture, in meditazione, a fare japa e *satsang* (compagnia dei santi). I ministri si preoccupavano che non ci sarebbe stato un erede al trono se il re fosse morto prima di nominare qualcuno. Andarono da lui e gli espressero i loro timori.

Il re disse: "Non preoccupatevi. Sceglierò un degno successore." Il re chiese loro di costruire un parco dei divertimenti, pieno di attrazioni meravigliose di tutti i tipi, con così tante tentazioni che soltanto una persona risoluta, distaccata e perseverante sarebbe stata in grado di resistervi. C'erano banchi con tutti i tipi di giochi, teatri, laghetti artificiali, parchi, pasticcerie e altri divertimenti. Il re annunciò quindi che si stava preparando a trovare un erede. La persona che fosse riuscita a trovare il re nel mezzo della fiera sarebbe stata scelta come il prossimo re.

Arrivarono migliaia di persone e la maggior parte di loro fu così attratta dagli spettacoli allettanti, dalla musica e dal cibo delizioso, che si dimenticò del motivo per cui era lì e si immerse nei divertimenti. Quei pochi che non caddero preda di queste tentazioni cercarono di trovare il re ma, dopo un po', pensarono che lo sforzo necessario fosse troppo grande e decisero che era meglio passare il tempo tra i divertimenti della fiera.

Passarono quattro giorni e nessuno aveva ancora trovato il re. Il quinto giorno entrò nel parco un uomo intelligente. Pur ammirando la fiera, non permise a se stesso di farsi distrarre o di perdere di vista il vero motivo per cui era lì e si diresse senza esitare verso il tempio che si trovava nel mezzo della fiera. Pensò che se il re fosse stato nel parco, sarebbe stato senz'altro nel tempio. Fece un giro intorno al tempio ma non lo trovò. Poi, guardando meglio, scoprì una porticina a lato del tempio. Entrò nel corridoio, lo percorse fino in fondo, trovò un'altra porta e la aprì. All'improvviso apparve una luce abbagliante provenire dall'interno. Nel centro della stanza, seduto su un trono, c'era il re. Il giovane si inchinò davanti al re, che sorrideva. Finalmente era stato trovato un degno successore al trono.

Questo mondo, con le sue tante attrazioni, è la fiera, e Dio è il re. Egli ci ha mandati qui non soltanto per godere degli oggetti del mondo, ma anche per trovare il Signore che si nasconde all'interno di essi. Anche se siamo Suoi figli e Suoi eredi al trono, possiamo diventarlo davvero soltanto se andiamo alla Sua ricerca con determinazione, pazienza e perseveranza, senza permettere ai nostri sensi di distrarci dalla meta. Possiamo gioire di ciò che incontriamo sul nostro cammino senza sviluppare attaccamento e quindi penetrare attraverso il velo d'illusione che nasconde Dio ai nostri occhi. Le distrazioni del mondo sono presenti sia per un monaco che per una persona che vive nel mondo e devono essere superate se si vuole avere successo nella vita spirituale.

Nell'aprile del 1985 la costruzione di un tempio e di un edificio per ospitare i visitatori divenne un'assoluta necessità. Da molto tempo c'era ormai un flusso continuo di visitatori all'Ashram. Poiché non c'era modo di alloggiarli, i brahmachari offrivano le loro capanne e dormivano all'aperto. Questo non sarebbe stato un problema se fosse stato un fatto occasionale, ma era diventata una costante, e costituiva un grande ostacolo alle loro pratiche spirituali. Oltre a ciò, il piccolo tempio dove aveva luogo il Devi Bhava non poteva più contenere tutti i devoti. Amma desiderava che tutti potessero sedere accanto a lei durante il Devi Bhava (nel 1985 Amma aveva ormai sospeso il Krishna Bhava), e questo sarebbe stato possibile solo se il darshan avesse avuto luogo in una sala grande. Si decise quindi di costruire un edificio che avesse sia stanze per i visitatori che un tempio per il Devi Bhava. Un devoto benestante acquistò la terra di fronte all'Ashram e fu in quel punto che sarebbe sorto l'edificio. Amma chiese a me e ad un altro devoto, che era architetto, di abbozzare due progetti separatamente. Quando, dopo qualche settimana, ci incontrammo per confrontare i piani, quale non fu la nostra sorpresa nel vedere che avevamo preparato lo stesso identico progetto! Giungemmo alla conclusione che il progetto era in realtà di Amma e che noi non eravamo che degli strumenti. Adesso il problema erano i soldi. Dove avremmo trovato i fondi necessari per costruire un edificio così grande? L'area totale sarebbe stata di circa novemila metri quadri. Amma ci disse di non chiedere soldi a nessuno. Se Dio voleva che l'edificio venisse costruito, avrebbe provveduto a tutto il necessario. Poco tempo dopo, quattro o cinque devoti occidentali offrirono ad Amma delle donazioni, in modo che il lavoro potesse partire. Ma dopo un po' finimmo tutti i fondi. Le due case che avevo costruito a Tiruvannamalai erano disabitate. Mi offrii di venderle, ma Amma non era propensa ad accettare questa proposta. Forse mi stava mettendo alla prova per vedere se avevo ancora attaccamento alla mia vecchia dimora, ma io avevo smesso da tempo di pensare a Tiruvannamalai e alla mia vita lì, essendomi completamente dedicato a servire Amma. Persistetti nella mia richiesta di vendere le due case, ed infine lei acconsentì. Così, in un modo o nell'altro, continuammo a costruire.

Amma pensava che i residenti e i visitatori dell'Ashram avrebbero dovuto partecipare ai lavori di costruzione. Disse che in questo modo avremmo potuto sviluppare una visione più compassionevole verso la sofferenza di coloro che conducono una vita difficile. Un tale duro lavoro sarebbe stato anche ottimo per la nostra salute e avremmo inoltre potuto risparmiare dei soldi. Visto che era per uno scopo spirituale, questo lavoro sarebbe stato anche *karma yoga* (azione disinteressata per far piacere a Dio). Quindi Amma, insieme a tutti gli altri, incominciò a portare via enormi sacchi di terra dallo scavo delle fondamenta. In seguito trasportammo sul luogo pietre, sabbia, cemento, mattoni, legna ed altro materiale da costruzione e partecipammo anche alla preparazione del cemento. Mi chiedo quanti altri saggi Realizzati di questo mondo abbiano passato una buona parte del loro tempo a fare un lavoro così pesante per dare l'esempio agli altri.

Intorno a questo periodo Amma incominciò anche a viaggiare per tutta l'India, invitata dai suoi molti devoti. Si recò in tutte le maggiori città, Bombay, Nuova Delhi, Calcutta, Madras, e anche in molte altre città minori e paesi del Kerala. In ogni luogo l'accoglienza era incredibile; spesso decine di migliaia di persone venivano ad incontrarla. Amma spesso restava seduta per otto ore filate, finché tutti non avevano ricevuto il darshan. In seguito a questi viaggi frequenti, i devoti che vivevano nei luoghi che Amma visitava si impegnarono a costruire delle "filiali" dell'Ashram, in cui si potessero svolgere i programmi di Amma. Durante il resto dell'anno, questi Ashram sarebbero stati un rifugio spirituale per tutti coloro che non potevano andare a Vallickavu a trovare Amma.

Capitolo 7

All'estero

Un giorno ricevetti una lettera di Earl che diceva che, impegnato com'era negli studi, non sarebbe potuto venire in India per diversi anni. Chissà se Amma sarebbe stata disposta a venire in America lei stessa? Disse che i soldi che avrebbe speso per sé, avrebbero potuto essere usati per comprare un biglietto d'andata e ritorno per gli Stati Uniti per Amma. Presi la lettera, andai da Amma e gliela lessi. Lei disse: "Digli che Amma verrà. Occupati tu di tutto." In quel periodo c'erano solo due americani all'Ashram: uno ero io, e l'altra era una ragazza che era lì da qualche mese. Ci pensai su e decisi che, dopo diciotto anni in India, non ero preparato ad organizzare un tour di Amma all'estero. Chiesi quindi alla ragazza se era disposta a provarci lei. Lei fu d'accordo, e anche Amma approvò la proposta; nel giro di qualche giorno la ragazza partì per l'America. Dopo averne discusso con Amma, decidemmo che, poiché Amma avrebbe dovuto in ogni caso attraversare mezzo mondo, sarebbe potuta passare per l'Europa nel viaggio di ritorno in India. Recatasi in America ed in Europa, questa ragazza contattò più persone possibili, ottenne una risposta favorevole alla proposta di una visita di Amma e tornò poi in India a riferire il tutto ad Amma e a me.

Amma allora le chiese di tornare ancora una volta in occidente e di occuparsi di tutti i preparativi.

Si decise che Amma sarebbe andata prima a Singapore, poi a San Francisco, Seattle, Santa Fe, Chicago, Madison, Washington D.C., Boston e New York. Da lì si sarebbe poi recata in Francia, Austria, Germania e Svizzera, per poi tornare in India. Tutto il tour sarebbe durato tre mesi. Chiesi ad Amma se gli ashramiti sarebbero stati in grado di sopportare un'assenza così lunga. Lei rispose che la sua assenza avrebbe dato loro la possibilità di fare una pratica spirituale più introspettiva, e di sviluppare un intenso desiderio per Dio, perché vivere con Amma era qualcosa come un continuo festival, e a volte si poteva correre il rischio di dimenticare che lo scopo di vivere con lei era la Realizzazione di Dio. Ci si può chiedere come ciò sia possibile, come si fa a dimenticare il vero motivo per cui si vive con Amma.

Nei tempi antichi, il Signore si incarnò nel nord dell'India nella forma di Sri Krishna. La storia della sua vita è narrata nel libro sacro *Srimad Bhagavatam*. Vi si afferma che lo scopo dell'incarnazione del Signore era distruggere i malvagi e proteggere ed essere una fonte d'ispirazione per i buoni. Al fine di diventare oggetto di devozione per le generazioni presenti e future, il Signore assunse una personalità incantevole, anche se in essenza Lui è al di là di tutte le forme e qualità. Questa è una delle caratteristiche distintive dell'antica religione dell'India: l'Essere Supremo si incarna ad intervalli regolari ogni qualvolta il dharma è in declino. Quando Lui si incarna, crea un'enorme ondata di devozione e spiritualità nel mondo. Egli instilla nel cuore degli esseri umani un'irresistibile attrazione per Lui solo, cosicché essi restano affascinati dalla Sua Divinità, e vogliono restare sempre in Sua presenza. Le Gopi, le pastorelle che vivevano nello stesso villaggio di Sri Krishna, sperimentarono quest'incredibile attrazione fin dal momento in cui Lui nacque. Qualunque cosa stessero facendo, riuscivano a pensare solo a Krishna. Anche quando andavano per le strade vendendo i loro prodotti, gridavano: "Krishna! Keshava! Narayana!" (nomi di Krishna), invece di dire: "Latte! Burro! Yogurt!" Dal momento in cui Krishna lasciava il paese per andare a pascolare le mucche, fino a quando ritornava la sera, la mente delle Gopi era fissa su di Lui. Esse non meditavano né facevano altre pratiche spirituali, eppure raggiunsero lo stato più elevato d'identificazione con Dio. Com'è possibile? Il *Bhagavatam* afferma che possiamo realizzare Dio pensando a Lui costantemente, non importa quale sia la nostra attitudine verso di Lui. Possiamo amarLo come un figlio, come un marito, come un amante, come un amico, come un parente; o possiamo odiarLo come un acerrimo nemico, o avere paura di Lui. Possiamo realizzare Dio in tutti questi modi, se pensiamo continuamente a Lui, perché questo è il requisito per la Realizzazione di Dio. Il ricordo costante è in se stesso meditazione, perché cos'altro è la meditazione se non il pensare ad una cosa sola, ad esclusione di tutto il resto? Naturalmente nessuno vuole pensare a Dio con odio o con paura, perché è doloroso essere nemico di Dio. Per raggiungere la realizzazione non è sufficiente meditare alcune volte al giorno, dimenticandosi di Dio per il resto del tempo. Il ricordo costante di Dio in ogni momento è il requisito di base per una buona vita spirituale; quindi il pensiero di Dio deve permeare tutte le nostre attività quotidiane.

Vivere con Amma è come vivere con Krishna. La mente dei suoi devoti è inspiegabilmente attratta verso di lei. In sua presenza si prova una felicità unica, però Amma dice che, per mantenere sempre questa sensazione, sono necessarie pratiche spirituali come il mantra japa, la meditazione e il controllo di sé. Quando si è spontaneamente felici e pieni di pace in presenza di Amma, non si pensa a come si starà in sua assenza. Questa è la ragione per cui Amma pensava che una separazione di tre mesi, per quanto spiacevole, sarebbe stata utile per la crescita spirituale dei suoi figli.

Essi sembravano aver raggiunto un livello di maturità sufficiente da poter trarre vantaggio da questa situazione. Molti devoti hanno infatti sperimentato che la loro concentrazione e devozione sono di maggior intensità quando sono lontani da Amma di quando sono con lei. La separazione è davvero un mezzo efficace per aumentare il desiderio di Dio. Nel caso delle Gopi, questo è proprio il modo in cui Krishna le portò alla Realizzazione.

In una notte di luna piena Krishna suonò il suo flauto, un segnale per tutte le Gopi di venire di corsa da lui nella foresta, per la famosa *Rasa Lila* (la danza della beatitudine). Questa danza simboleggia la beatitudine divina che l'anima sperimenta nell'unione con Dio. Lasciando le loro case e le loro famiglie, le Gopi si precipitarono nella foresta, dove ballarono in estasi con il loro amato Krishna. Dopo l'incontro con Krishna, le Gopi s'inorgoglirono un po' per la loro buona sorte, e in quel momento Krishna scomparve. Esse impazzirono dal desiderio di rivederlo e vagarono per la foresta in una ricerca frenetica. Quando la loro pazzia raggiunse il culmine, il Signore riapparve e placò la loro agonia. Esse gli chiesero: "Alcune persone amano chi le ama, mentre per altre è l'opposto, amano anche coloro che non le amano. Altre persone non amano nessuno. Ti preghiamo di spiegarci chiaramente il significato di tutto ciò, oh Signore." In altre parole le Gopi stavano accusando il Signore di indifferenza nei loro confronti, anche se loro traboccavano d'amore per Lui. Volevano sapere perché si era comportato in modo tanto crudele.

Krishna rispose: "Coloro che si amano l'un l'altro, oh amiche mie, amano in realtà se stessi e non l'altro, e i loro sforzi e le loro azioni sono motivati solo dall'interesse personale. In quel caso non c'è né buona volontà né virtù, perché un tale amore ha soltanto un movente egoista. Coloro che amano anche chi non li ama sono pieni di compassione e di amore, come i genitori. In questo caso sono presenti una virtù immacolata e buona volontà, oh affascinanti ragazze. Alcune persone non amano nemmeno coloro che le amano. Essi sono o i saggi, assorbiti nel loro Sé e quindi senza percezione di dualità, o coloro che hanno realizzato i loro desideri e sono quindi liberi dalla bramosia di sperimentare i piaceri, anche se sono consci degli oggetti esterni, o gli stupidi che sono incapaci di apprezzare un buon servizio che viene fatto loro, o gli ingrati, che provano ostilità verso i loro benefattori, sebbene siano consapevoli dei favori ricevuti. Io, da parte mia, non appartengo a nessuna di queste categorie, amiche mie, perché apparentemente non ricambio l'amore nemmeno di coloro che Mi amano, in modo che essi pensino sempre a Me proprio come una persona senza un soldo penserebbe sempre ad un tesoro trovato e poi perso, e continuerebbe a pensare solo a quella ricchezza, senza prestare attenzione a nient'altro. Infatti, per garantire la vostra costante devozione a Me, sono rimasto per un po' fuori dalla vostra vista, mie care, amandovi di nascosto e ascoltando con gran delizia le vostre dichiarazioni d'amore. Per amor Mio voi avete ignorato l'etichetta, le ingiunzioni delle scritture e avete abbandonato i vostri cari. Quindi, mie amate, non criticateMi. Non potrò mai ripagare il mio debito verso di voi, che avete con Me un rapporto perfetto, e che avete fissato la vostra mente su di Me, liberandovi dalle catene che vi legano alla vostra famiglia, e che non è facile spezzare."

Srimad Bhagavatam X, 32, v.16-22

Da queste parole del Signore possiamo vedere come la separazione fisica da un Essere Divino serva a purificarci e a fissare irrevocabilmente la nostra mente su Dio. Quando Krishna stava partendo da Brindavan, il luogo della Sua infanzia, disse alle tristissime Gopi che presto sarebbe ritornato ma in realtà non tornò più. Soltanto molti anni dopo le rincontrò a Kurukshetra, dove la gente si era radunata da tutta l'India per un'eclisse di sole. Ma ormai le Gopi erano così piene del pensiero di Krishna e così perfettamente abbandonate alla Sua volontà che la loro individualità si era dissolta in Lui. Il desiderio impetuoso e la devozione avevano lasciato il posto alla pace perfetta dell'Unione. E' questo il frutto finale della devozione a Dio. Ciò che valse per Krishna e le Gopi vale per ogni Anima Divina e i suoi devoti. E' per queste ragioni che Amma pensava che una separazione di tre mesi avrebbe fatto bene ai suoi figli, alcuni dei quali avevano goduto della sua costante compagnia per molti, molti anni.

Si decise che alcuni di noi sarebbero andati in America con un po' d'anticipo, per presentare Amma alle persone prima del suo arrivo. Quindi io e due brahmachari partimmo circa due mesi prima di Amma, il 22 marzo 1987. Andammo a Singapore e poi, dopo tre giorni di programmi introduttivi, partimmo alla volta di San Francisco. Questa era la prima volta che i brahmachari lasciavano l'India e fu per loro un'esperienza del tutto nuova. Io divenni il "guru" che li doveva occidentalizzare, anche se io stesso mi trovavo in uno stato di shock culturale. Proprio come recarsi in India è uno shock per gli occidentali, così è per gli indiani quando vengono in occidente. Anche se sono sulla stessa terra, l'India e l'occidente sono due mondi a parte. Ci fermammo ad Oakland a casa di mio fratello, che a quel tempo stava studiando per la sua laurea in legge all'università di Berkeley. Accompagnati da due altri devoti ci recammo con un furgone scassato in tutti i posti che Amma avrebbe visitato. In ogni posto in cui andavamo parlavamo di Amma e cantavamo canti devozionali. Fummo sorpresi nel vedere tante persone scoppiare a piangere quando sentivano parlare di Amma o ascoltavano i canti. Sembrava che Amma avesse già molti figli in America. Andammo fino a New York e poi ritornammo a San Francisco a ricevere Amma.

Dopo essere ritornati a casa di mio fratello, telefonammo a Singapore per vedere se Amma fosse arrivata, perché in un certo senso ci sembrava impossibile che potesse davvero aver lasciato l'India, anche se questi erano i piani. Come avrebbero fatto i residenti dell'Ashram a sopravvivere alla sua assenza? Cosa sarà successo al momento della partenza? Forse, vedendo il loro dolore, Amma aveva cancellato il tour. In quel caso saremmo tornati subito in India. Questi erano i nostri pensieri. Ma fummo sollevati quando Gayatri rispose al telefono e ci disse che era andato tutto bene. Proprio in quel momento Amma prese il telefono ed urlò: "Figli miei!" Noi tre, insieme al telefono, cademmo a terra, e i due brahmachari scoppiarono a piangere. Dopo un attimo, ripresero in mano il telefono e chiesero: "Amma, stai arrivando, non è vero?" Amma li rassicurò e dopo aver parlato ancora un po' li salutò. I brahmachari erano stati lontani da Amma per quasi due mesi, e questo era stato molto difficile dal punto di vista emotivo. Sentire la voce di Amma aveva rotto gli argini del loro cuore.

Due giorni dopo, il 18 maggio, Amma arrivò all'aeroporto di San Francisco nel pomeriggio, dove si era riunita un gran folla per darle il benvenuto. Amma era proprio come una bambina, osservava ogni cosa, salutava tutti con la mano e abbracciava con affetto tutte le persone che le venivano vicine, anche quelle che non erano lì per lei! Andammo a casa di Earl con un furgone preso in affitto e raccontammo ad Amma tutto quello che era successo in quei due mesi. Anche Amma ci riferì quello che era successo all'Ashram durante la nostra assenza. Appena arrivati a casa, Amma si mise immediatamente a dare il darshan. Noi eravamo molto preoccupati perché Amma era appena stata su un aereo per sedici ore, e doveva essere senz'altro esausta. Adesso avrebbe passato altre due o tre ore a incontrare i suoi figli occidentali. Protestammo, ma lei non ne volle sapere. Disse: "E' da molto tempo che questi figli aspettano di vedermi. Che cosa importa se riposerò soltanto tra un po'? Non sono venuta qua per fare i miei comodi. Sono venuta per essere al servizio della gente."

Sia i darshan pomeridiani che quelli serali videro la partecipazione di molta gente. I darshan del pomeriggio si svolsero a casa di Earl, mentre quelli serali in diverse chiese e sale a San Francisco, Berkeley e Oakland. Amma passò anche qualche giorno a Santa Cruz e a Carmel. La sera normalmente c'era un breve discorso, seguito da canti devozionali condotti da Amma e poi il darshan fino a mezzanotte. Il primo Devi Bhava nel mondo occidentale si tenne a casa di Earl. Fu un'esperienza emozionante per tutti. I devoti occidentali non sapevano cosa aspettarsi, e nemmeno noi! La casa di Earl si riempì e la folla incominciò a riversarsi per la strada. Erano tutti accalcati nella stanza accanto alla sala del Devi Bhava, e la persone si arrampicavano letteralmente l'una sull'altra per vedere cosa stesse succedendo. Sembrava un manicomio. La gente aveva sentito dire che Amma sarebbe entrata in una specie di trance, e nessuno voleva perdere l'opportunità di vederla. Prima che incominciasse il darshan tutti recitavano o, per meglio dire, urlavano i Nomi Divini.

Infine, le porte del "tempio" si aprirono e ci fu allora un completo silenzio. L'espressione sul viso delle persone non si può descrivere. Si mangiavano, per così dire, Amma con gli occhi, come persone che stanno per morire di fame. Non avevano mai visto prima di allora un tale splendore ed una tale maestosità, proprio come se la Regina dell'Universo fosse scesa a graziare gli esseri umani con la sua gloriosa visione. Il sari di seta che indossava brillava per le vibrazioni della Sua energia divina, e i gioielli sulla corona emettevano raggi di luce come il sorgere di mille soli. Ad una ad una, le persone si misero in fila per ricevere il Darshan della Devi discesa sulla terra, mentre l'aria risuonava di canti. Il Darshan continuò fin verso le quattro del mattino. In seguito, mentre facevo pulizia nella stanza, mi accorsi che nei muri in pietra si erano formate delle crepe, forse dovute alla pressione delle persone lì ammassate. Era stata una fortuna che la casa non fosse crollata. L'arrivo di Amma era stato senz'altro esplosivo!

Durante il tour Gayatri preparava il pranzo per tutti noi, lasciandone un po' da parte per la cena, perché sarebbe stato un po' troppo tardi per cucinare al rientro dal programma serale. Sfortunatamente, mentre eravamo a casa di Earl, alcuni devoti, attratti dal profumino che proveniva dalla cucina, si accorsero di quanto fosse gustoso il cibo indiano e si mangiarono la nostra cena. Quando tornammo a casa la sera, quale non fu la nostra sorpresa nell'accorgerci che qualcuno si era "fatto fuori" la nostra cena. Per porre rimedio alla situazione andai al supermercato a comprare del pane e della marmellata, e tutti ci mettemmo a mangiare. In quel momento entrò Amma, che ci chiese perché stessimo mangiando pane invece di riso. Le spiegai quello che era successo.

"Quanto ti sono costati il pane e la marmellata?" chiese Amma

"Più o meno quattro dollari" dissi io.

"Quattro dollari! Sono quasi cinquanta rupie. Sai a quante persone si può dar da mangiare con cinquanta rupie? Se aveste comprato quattro dollari di riso e verdure e passato una mezz'oretta in più a cucinare, ne avreste avuto abbastanza anche per domani. Soltanto perché siete in America non significa che dobbiate smettere di fare i calcoli in rupie."

Quando Amma era bambina aveva sofferto a causa della povertà. La famiglia la trattava come una serva. Spesso passava giorni senza mangiare e i suoi vestiti erano sempre i più scadenti. Si faceva bastare quello che c'era, e si cuciva e ricuciva i vestiti strappati. Anche dopo che è sorto l'Ashram ha continuato a fare attenzione a non sprecare nulla. Cercava di farci capire che tutto ci viene da Dio e che quindi ha un valore e deve essere trattato con cura e attenzione. Soltanto perché adesso si trovava nel ricco occidente non avrebbe certo cambiato i suoi principi!

Durante il tour ebbero luogo molte conversazioni illuminanti. Durante un satsang pomeridiano, qualcuno chiese: "Amma, le scritture dicono che io sono l'*Atman* (il Sé). Se questo è vero, allora perché dovrei meditare o fare altri esercizi di purificazione, invece di tuffarmi semplicemente in quella Realtà?" .

Amma rispose: "Figlio mio, se questo ti è possibile, allora perché stai facendo questa domanda? Anche se hai sentito dire che sei l'Atman, non puoi dire di essere in grado di godere di Quello stato, né puoi vedere l'Atman in ogni cosa. Soltanto se pianti i semi e fai crescere le piante sarai in grado di goderti i fiori.

"Se non hai mai visto tuo padre, non sarai soddisfatto sentendo semplicemente il suo nome. Vorrai vederlo. Allo stesso modo, se senti la mancanza di tua madre, che si trova da qualche altra parte, sarai contento solo dopo essere andato a trovarla. Si arriverà alla beatitudine solo attraverso l'esperienza diretta dell'Atman, non attraverso la mera conoscenza intellettuale della sua esistenza. Al momento attuale abbiamo solo una convinzione intellettuale dell'esistenza della Verità. Come una scimmia, la nostra mente salta di qua e di là, e con una mente così è difficile raggiungere l'Eterno. Se un gatto sente l'odore del pesce non sarà in pace finché non l'avrà mangiato. Allo stesso modo, quando la nostra mente entra in contatto con il mondo esterno, diventa incontrollabile come una scimmia irrequieta o un gatto affamato.

"Anche se sappiamo che la Realtà Suprema è al nostro interno, continuiamo a comportarci come se la felicità ci venisse dal mondo esterno. A causa di questa attrazione per gli oggetti del mondo, non siamo in grado di fare molti progressi verso la Realizzazione. Supponi di aver messo un calamaio sul lato destro della scrivania, e di usarlo per una decina di giorni. Anche se poi lo sposti a sinistra, l'undicesimo giorno la tua mano andrà automaticamente a destra. Le vecchie abitudini ci tengono legati e non ci permettono di progredire spiritualmente.

"Figli miei, per addestrare la mente a smettere di correre di oggetto in oggetto, dobbiamo coltivare nuove abitudini, come la meditazione e il mantra japa. Così facendo otterremo la concentrazione. Proprio come si costruisce una diga per incanalare l'acqua e produrre elettricità, l'effetto delle pratiche spirituali è di dirigere i vagabondaggi della mente verso un unico punto, rendendola sottile e potente. Senza prima raggiungere questo stato di concentrazione, la Realizzazione è impossibile. Anche quando siamo impegnati nelle varie attività nel corso della giornata, dobbiamo continuare a fare japa. Grazie a pensieri positivi costanti, otterremo la purificazione del sangue, della mente e dell'intelletto, il miglioramento della memoria e della salute. I brutti pensieri, invece, distruggeranno tutto ciò.

"Al momento siamo opachi ed oscuri, ma attraverso la sadhana possiamo diventare luminosi, spiritualmente luminosi. Fare semplicemente il disegno di una lampadina non ci darà luce. Dire semplicemente "Io sono l'Atman" non è come farne l'esperienza diretta. Serve lo sforzo. Il fresco della brezza, la luce della luna, la vastità dello spazio – Dio permea tutto ciò. Lo scopo della vita umana è fare l'esperienza di questa Verità. Sforzatevi di raggiungerla."

Amma procedette verso Seattle, e poi ritornò poi in California, ed in seguito trascorse alcuni giorni vicino al Monte Shasta. Quando, mentre ci dirigevamo verso nord, la montagna divenne visibile, Amma incominciò a fissarla con attenzione. Non sapeva che questa montagna, coperta in quel momento da un'originale nuvola a forma di fungo, fosse il Monte Shasta. Amma continuò a guardarla e ci chiese infine se si trattasse del Monte Shasta. Noi le dicemmo di sì. Lei continuò a guardarlo fino a che non arrivammo al luogo del ritiro, sui fianchi della collina. Lo scenario

L'arrivo di Amma all'aeroporto di San Francisco – 1987

era affascinante, con la montagna ricoperta di neve, sotto di noi le colline erbose e tutt'intorno le vette vulcaniche inattive. Nel luogo in cui stavamo non c'era l'elettricità, ma non ne sentimmo la mancanza, felici di essere in un ambiente naturale. Dopo che Amma si fu sistemata nella sua stanza, chiese agli organizzatori locali se qualcuno venerasse regolarmente la montagna. Essi risposero che, per quello che ne sapevano, gli indiani d'America in passato erano soliti venerare la montagna, e che ormai essa era considerata un luogo sacro e la dimora di esseri divini. Amma poi disse: "Mentre venivamo qua sono stata attratta dalla nuvola sulla montagna. Per qualche ragione non riuscivo a distogliere lo sguardo. Ho visto poi una presenza vivente all'interno della nuvola, che assomigliava al Signore Shiva, con tre linee di cenere sacra sulla fronte. Ho pensato che forse questa montagna veniva venerata fin dall'antichità come una forma di Dio."

Esser seduti sull'erba con Amma intensificava l'effetto mistico dell'atmosfera, e tutti erano in uno stato di pace e beatitudine. L'ultimo giorno di permanenza in questo ambiente bucolico, avremmo voluto portare Amma fin sulla cima della montagna a vedere la neve, poiché in India non l'aveva mai vista, ma Amma insistette nel dare il darshan fino all'ultimo momento, così non restò più tempo se non per tornare ad Oakland. So per esperienza che quando cerchiamo di far felice Amma in un modo mondano, lei in una maniera o nell'altra sconvolge i nostri piani e utilizza quel tempo per scopi unicamente spirituali. Cosa potrebbe far felice un essere stabilito nella Beatitudine della Realizzazione di Dio? Dopotutto, quel po' di felicità che noi ricaviamo dagli oggetti dei sensi non è altro che un riflesso infinitesimale della Beatitudine di Dio. Di notte la luna può apparire bellissima e un bambino può pensare che brilli di luce propria. Finché non sorge il sole della Realizzazione del Sé, la luna della mente sembrerà splendere spontaneamente, e la felicità che la mente prova sembra possedere un'esistenza indipendente. Amma stava quindi cercando di farci capire che non dobbiamo cercare la felicità all'esterno. Se i saggi non danno l'esempio, allora chi può aiutare chi brancola nel buio dell'ignoranza?

Dal Monte Shasta proseguimmo verso Santa Fe e Taos. In ogni località il programma era lo stesso e il Devi Bhava avveniva in casa di devoti. Negli anni successivi ciò non fu più possibile, a causa dell'aumento dei partecipanti e infine vennero usate soltanto sale molto grandi. La notte del suo arrivo a Santa Fe, Amma non riuscì a chiudere occhio. Il mattino dopo ci disse che aveva passato tutta la notte a dare il darshan a degli esseri sottili dall'aspetto strano che vivevano nelle vicinanze. Quando le chiedemmo che aspetto avessero, Amma rispose che avevano il torace di un animale e le gambe di un essere umano. Disse che non aveva mai visto esseri simili. Per una strana coincidenza, in una delle stanze della casa in cui stavamo, c'erano delle statuette che corrispondevano esattamente alla descrizione di Amma. Quando chiedemmo che cosa fossero, i padroni di casa dissero che erano immagini degli dei, i *kachinas*, che sono venerati dalle tribù locali degli indiani d'America. Ci rendemmo così conto che tali esseri esistono davvero e che possono essere visti da coloro che hanno occhi per vedere. Evidentemente avevano riconosciuto Amma ed erano venuti da lei in massa per ricevere la sua benedizione.

Un giorno, durante il satsang del mattino, ebbe luogo una conversazione interessante fra Amma ed un sincero aspirante spirituale. Tutti i ricercatori spirituali, prima o poi nella loro sadhana, scoprono che la loro mente viene distratta dall'obiettivo finale del raggiungimento di Dio, o della Realizzazione del Sé, dai desideri sessuali. Una persona chiese consiglio ad Amma, dicendo: "Amma, come ci si deve comportare verso la lussuria?"

Amma rispose: "Figlio mio, c'è un'attrazione naturale tra maschio e femmina, che esiste in tutti gli esseri del creato. Questa sottile attrazione sarà presente finché non si sarà realizzata la Verità, anche se si è rinunciato a tutti i piaceri e divertimenti mondani. Si può trovare la lussuria di un ragazzo di sedici anni in un uomo di cent'anni. E' difficile superare questa *vasana*, poiché l'abbiamo ereditata da vite precedenti. Anche il nostro corpo è il prodotto della lussuria dei nostri genitori. Siete stati concepiti per il loro intenso desiderio di soddisfare la loro lussuria. Quindi, fino al momento della Liberazione, la lussuria continuerà ad essere un ostacolo.

"Ma non c'è da aver paura. Rifugiatevi costantemente ai piedi di Dio. Pregatelo con sincerità e con tutto il cuore: 'Dove sei? Ti prego, non permettere alla mia mente di perdere tempo in tali pensieri. Fa che l'energia che spreco in questo modo venga usata per il bene del mondo. Oh mio Dio, ti prego, vieni a salvar mi.' Se continuiamo a pregare in questo modo, a poco a poco progrediremo."

L'uomo chiese: "Amma, se controllare le nostre tendenze sessuali è così difficile, che speranza c'è per noi che siamo così immersi nel mondo?"

"Figlio mio, quando il forte desiderio per la realizzazione di Dio metterà radici nel tuo cuore, non ci sarà più spazio per i desideri del mondo. Quando una ragazza trova un fidanzato bello e affettuoso, la sua mente non può pensare a nessun altro uomo. Allo stesso modo, se la tua mente è colma di Dio, non si sofferma su nient'altro. Quando si ha la febbre, anche le cose dolci hanno un gusto amaro. Allo stesso modo, quando bruci dal desiderio di Dio, il gusto per le cose del mondo sparisce.

"Non pensare: 'Com'è possibile raggiungere questo stato? Non arriverò mai alla Liberazione.' Con le preghiere e la sadhana possiamo a poco a poco raggiungere la meta. Ricordati sempre che la felicità passeggera del sesso è avvolta nel dolore. Se una pompa ha un buco, la pressione dell'acqua diminuisce. Se un recipiente perde, l'acqua uscirà, per quanta se ne metta. In modo simile, l'energia che si sviluppa grazie alla sadhana non rimane in coloro che si abbandonano a del sesso esagerato. Quando viene riscaldata, l'acqua diventa tanto potente da azionare un motore a vapore. Allo stesso modo, attraverso il controllo di sé, la mente si purifica e diventa forte abbastanza da poter realizzare Dio.

"Figlio mio, coltivando un buon carattere e dei buoni pensieri, frequentando santi e saggi possiamo rimuovere i tre quarti delle nostre tendenze negative; però sarà solo dopo il raggiungimento della Realizzazione che tutte le tendenze negative verranno distrutte. Quindi, procedi verso la meta senza paura e senza deprimerti."

Da Santa Fe ci recammo a Madison, a Chicago e poi a Boston, dove la partecipazione ai programmi al Centro Zen di Cambridge, alla Società Teosofica e alla Scuola di Divinità a Harvard fu molto elevata. Poi, dopo i programmi di New York, Amma si recò per qualche giorno a Rhode Island, per un ritiro. Mentre eravamo lì, Ron, un mio cugino, venne ad incontrare Amma. Era un ricco uomo d'affari e allo stesso tempo un serio aspirante spirituale. Chiese ad Amma consiglio sul suo futuro. Lei gli consigliò di continuare il suo lavoro nel mondo come un servizio ai suoi dipendenti e di cercare di osservare il celibato. Ciò aveva per lui un gran significato, e Ron fu molto contento di sentire le parole di Amma. Qualche giorno dopo partimmo per l'Europa.

L'atmosfera in Europa era molto diversa da quella americana. C'era ovunque il senso di un'antica tradizione. Questo fu un piacevole cambiamento dopo la modernità dell'America, anche se a volte ci creò qualche inconveniente. Per la mancanza di centri commerciali ci voleva molto più tempo per comprare anche le cose più semplici. Inoltre avevamo sempre bisogno di un traduttore, visto che parlavamo solo inglese. I devoti europei erano anche un po' più riservati di quelli americani, anche se negli anni successivi il numero di europei che venne da Amma sorpassò di gran lunga il numero degli americani. Due dei posti più memorabili che Amma visitò furono un luogo di ritiro in uno sperduto paesino dell'Austria e un ashram nelle Alpi Svizzere. Anche se faceva estremamente freddo, Amma sedeva spesso all'aperto, indossando soltanto un sari di cotone, e osservava le colline pittoresche, cantando alla Madre Divina la canzone *Srishtiyum Niye*...

> *Creato e Creatore sei Tu*
> *Tu sei Energia e Verità,*
> *Oh Devi...Oh Devi...Oh Devi...*

> *Creatrice del Cosmo sei Tu,*
> *E Tu sei il principio e la fine.*

> *L'Essenza dell'anima individuale sei Tu,*
> *E Tu sei anche i cinque elementi.*

Durante il Devi Bhava in Austria, fui infastidito nel vedere un uomo e una donna sdraiati assieme nella sala, a solo un decina di metri da Amma. Si erano verificati casi simili durante tutto il tour. Non era una cosa insolita vedere gente che si abbracciava, baciava o massaggiava . Spesso le persone erano vestite piuttosto indecentemente, e ridevano o parlavano ad alta voce in presenza di Amma. Tutte queste cose creavano un'atmosfera irriverente e troppo casual. Poiché io ero abituato ai costumi spirituali dell'India (dove la maggior parte delle persone sa come comportarsi nei templi o alla presenza di un Mahatma), tutto ciò mi dava molto fastidio. Amma però mi ordinò di non dire niente a nessuno. Lei era, dopo tutto, la nuova venuta e loro non ne avevano colpa: come si fa a biasimare qualcuno se non sa come comportarsi in una situazione in cui non si è mai trovato prima? Tuttavia, vedendo questa coppia sdraiata sul pavimento, domandai ad uno dei devoti di chieder loro di alzarsi e di mostrare un po' più di rispetto per la santa presenza di Amma. Il devoto si avvicinò alla coppia e, sedendosi vicino a loro, chiese: "Posso farvi una domanda? Se la regina d'Inghilterra fosse qui sul palco, stareste sdraiati in questo modo?" La coppia fu visibilmente sorpresa di sentire una cosa simile e disse: "Naturalmente no." "Allora come fate a stare qui sdraiati di fronte alla Santa Madre? Lei è la Regina dell'Universo." Naturalmente essi si alzarono immediatamente.

Amma passò una decina di giorni nelle Alpi svizzere in un bellissimo ashram, circondato da montagne innevate e con una vista magnifica su laghi verde smeraldo in fondo alla vallata. Un enorme numero di devoti venne da tutta Europa per il ritiro, e fu per tutti un evento indimenticabile. Durante uno dei darshan del mattino, qualcuno chiese ad Amma: "Amma, come posso essere di aiuto al mondo? Se faccio la mia sadhana, può questo essere di beneficio al mondo?"

Amma rispose: "Qualsiasi sadhana tu pratichi sarà utile al mondo intero. Le vibrazioni della recitazione del mantra e della meditazione purificheranno la tua mente e anche l'atmosfera intorno a te. Senza saperlo, diffonderai pace e tranquillità tra coloro che verranno a contatto con te. Se sei preoccupato del benessere del mondo, allora fai la tua sadhana con sincerità. Diventa come il faro che illumina le navi. Fai splendere la luce di Dio nel mondo.

"A volte delle persone vengono da Amma dicendo: 'C'è stato uno scandalo al governo, c'è stato un crollo in borsa.' Figli miei, niente è eterno a questo mondo. Se siamo attaccati ad oggetti esterni, ne risulterà solo dolore. E' il dolore che ci condurrà a Dio. La Coscienza Cosmica che chiamiamo Dio pervade tutto il creato. Ma una comprensione intellettuale di questo non ci darà la pace mentale; questa può essere ottenuta solo con l'esperienza. Immergerci nella Pura Consapevolezza, questo è ciò di cui abbiamo bisogno.

"Non c'è una scorciatoia per arrivare a Dio; bisogna praticare la sadhana regolarmente e con devozione. E' il nostro sforzo che ci permetterà di fare l'esperienza della grazia che Dio riversa continuamente su di noi. Quindi, dedicate ogni momento libero alla ricerca di Dio. Se create pace nel vostro cuore facendo la sadhana, ciò avrà poi un effetto positivo sulla vostra famiglia, sul lavoro, su tutto. La pace e l'amore di Dio traboccheranno dal vostro cuore e incoraggeranno gli altri ad intraprendere la via giusta.

"Non c'è bisogno che facciate delle prediche agli altri. Vivete la vostra vita all'insegna della Verità e molte persone ne trarranno beneficio. Attraverso la sadhana coltiverete in voi le virtù eterne. La pratica spirituale deve sviluppare in noi la pazienza, la sopportazione, la tolleranza, la compassione ed altre virtù. Altrimenti, è inutile. Se ci sediamo un'ora in meditazione e cinque minuti dopo ci arrabbiamo, tutti i vantaggi della meditazione andranno perduti. Le persone trarranno beneficio da colui che vive secondo la Verità, non da qualcuno che la predica soltanto.

"Amma non vuole aggiungere altro. Molti di voi leggono tanti libri e ascoltano tanti discorsi sulla spiritualità. Adesso dovete fare l'esperienza. Diventate voi stessi la Verità. Questo è ciò che bisogna fare."

Dalla Svizzera volammo in una piccola isola nel Mar d'Arabia chiamata Male. Pensavamo che, dopo la fatica di questi tre mesi di tour, Amma avesse bisogno di un giorno di riposo prima di tornare alla vita frenetica dell'India. Avevamo sentito dire che Male era un posto paradisiaco, ed era proprio così. Ma bisognava prima attraversare l'inferno per arrivare in paradiso, perché gli ufficiali della dogana insistettero nell'aprire ogni nostra singola valigia e ciò significò trascorrere due o tre ore seduti all'aeroporto a discutere e a litigare. Che shock dopo le formalità amichevoli dei paesi occidentali. Fu come essere gettati dal frigorifero nel fuoco. Dopo essere finalmente usciti dall'aeroporto, prendemmo un battello verso una delle isole, che era a circa a un'ora di distanza dall'isola principale. Quest'isoletta consisteva in un acro di terra su cui erano state costruite alcune stanze. Sembrava di essere in una scena di un film d'avventura ambientato nei mari del Pacifico. Oltre al personale dell'albergo, noi eravamo gli unici sul posto. Era davvero un piccolo paradiso, con la sabbia bianca, l'acqua trasparente e pesci rossi, blu, verde e gialli che nuotavano tutt'intorno. Quella notte Amma si sedette con noi sotto un cielo pieno di stelle illuminato dalla luna piena, cantando alcuni nuovi bhajan che erano stati composti durante il tour. Era davvero il paradiso in terra.

Il mattino dopo, quando salimmo sulla barca per ritornare verso l'isola principale, il mare divenne all'improvviso molto agitato e molti di noi, credo, incominciarono ad immaginare che saremmo presto colati a picco. Riuscimmo infine a raggiungere l'isola e fummo "scioccati" nello scoprire che gli ufficiali di dogana volevano aprire di nuovo tutte le nostre valigie prima di salutarci. Fummo molto sollevati di lasciarci quell'infernale paradiso alle spalle e davvero contenti di atterrare in India un'ora e mezza più tardi. A Trivandrum c'era una folla enorme ad accogliere Amma; venne portata in un auditorium in città dove le fu dato un benvenuto ufficiale. Amma ritornò poi a Vallickavu con l'autobus dell'Ashram, insieme a tutti i residenti, che avevano sentito così tanto la sua mancanza in quei mesi. Persino gli abitanti del villaggio, che le erano generalmente ostili fin dai tempi della sua sadhana, furono contenti di vederla e le diedero il benvenuto in modo spettacolare. Senza lasciarsi trascinare dall'eccitazione, Amma, dopo esser tornata, fece immediatamente il giro dell'Ashram, esaminando i cambiamenti che c'erano stati e dando una pulita nelle zone disordinate. Tutti erano contentissimi di riaverla fra loro; sembravano cadaveri riportati in vita!

Verso la fine di quell'anno, accettando l'invito dei suoi devoti delle Mauritius e Réunion, due piccole isole vicino alla costa orientale dell'Africa, Amma vi si recò con un gruppo di brahmachari il 17 dicembre 1987. Un discepolo di Amma, Prematma Chaitanya (adesso Swami Premananda Puri), aveva costruito un bellissimo piccolo ashram per Amma nell'Isola Réunion, dove fu accolta da un'enorme folla di devoti, molti dei quali piangevano dalla gioia di vederla. Più di mille persone di tutte le religioni parteciparono ai programmi di Amma, che si tennero in diverse parti dell'isola. Furono momenti di meravigliosa armonia religiosa. Questa fu forse la prima volta nella storia dell'isola in cui un leader spirituale non-musulmano fu invitato e ben accolto dal maestro sufi del posto. Questo maestro sufi qualche tempo prima aveva avuto un'esperienza mistica visitando l'ashram di Amma nell'isola. Mentre era in piedi davanti alla bella fotografia di Amma nella sala della meditazione, vide Amma uscire dalla fotografia e rimanergli di fronte, in carne ed ossa. Lui si inchinò immediatamente. Uscendo dalla sala disse a Prematma: "Oggi ho visto una Vera Madre." In seguito si rivolse alla congregazione di fedeli nella moschea con queste parole: "E' estremamente raro incontrare un'Anima Realizzata e, una volta che la si è incontrata, riconoscerla è ancora più difficile, perché esse non si rivelano facilmente. Una santa, paragonabile al nostro profeta Maometto, sta per venire in visita nella nostra isola. Se siete d'accordo, possiamo andare a riceverla all'aeroporto e invitarla a visitare la moschea." Furono tutti d'accordo, e il ricevimento ebbe luogo. Amma diede il darshan a tutti, e molti di loro scoppiarono a piangere. Furono tutti molto tristi di vederla partire, perché le differenze di casta e credo erano scomparse di fronte al suo amore puro.

Dall'Isola Réunion Amma andò alle Mauritius, dove fu invitata a far visita al Governatore Generale nella sua residenza. Amma rispose a molte sue domande sulla spiritualità e sul servizio sociale. Durante i tre giorni di soggiorno alle Mauritius Ella fu ricevuta in molti ashram e templi dell'isola, ed infine tornò in India la prima settimana di gennaio.

Molti anni prima, quando Amma aveva dato inizio al Krishna Bhava e i devoti erano ancora pochi, disse a suo padre, durante un Bhava darshan, che in futuro avrebbe viaggiato molte volte intorno al mondo e che persone di nazionalità diverse sarebbero venute da lei a Vallickavu. Naturalmente lui non aveva creduto ad una parola di quello che Amma aveva detto. Fino a quel momento, Amma era stata trattata come una serva. Non possedeva niente, e non aveva un futuro. Chi avrebbe immaginato che una sconosciuta ragazza di villaggio avrebbe confortato e consolato persone di tutto il mondo? Fu quel primo tour mondiale a rivelare la veridicità delle parole di Amma. Nata dall'intuito più che dalla ragione, la sua conoscenza del futuro è infallibile. Non bisogna farsi ingannare dal suo aspetto umile. I veri saggi non hanno bisogno di pubblicizzare la loro onniscienza. Essi vengono compresi dagli altri solo quando loro stessi lo permettono.

Capitolo 8

Il lila del computer

Poco dopo il tour mondiale, mio cugino Ron venne all'ashram per un soggiorno di due settimane. Passare da una vita comoda all'atmosfera spartana dell'Ashram fu un grande passo per lui, ma ne fu più che ricompensato dalla pace mentale che provò. Un giorno gli feci vedere la biblioteca dell'Ashram e gli chiesi se avrebbe potuto fare una lista di tutti i libri in ordine alfabetico.

"Questa sarebbe una cosa da niente con un computer. Non ne avete uno?" Io trovai la domanda di Ron molto divertente. Era come chiedere ad un mendicante se avesse una Rolls Royce. Cosa potevamo farcene di un computer? E dove avremmo preso i soldi per comprarne uno? Gli dissi che non avevamo nessun computer e che non riuscivo ad immaginare cosa avremmo potuto farci se anche l'avessimo avuto.

"Beh, potreste catalogare tutti i libri della biblioteca in ordine alfabetico, per autore, titolo o soggetto, potreste tenere i conti, fare lavoro d'ufficio, o utilizzarlo persino per pubblicare i vostri libri in inglese" disse Ron. Si offrì poi di comprare un computer per l'Ashram e mi pregò di chiedere ad Amma se fosse d'accordo. Andai da Amma e le riferii la nostra conversazione. Amma mi chiese: "Che cos'è un computer e a che cosa serve?" Io le riportai quello che aveva detto Ron.

"Se comprarci un computer lo rende felice, per carità, lascialo fare, ma i soldi sarebbero meglio spesi per i lavori di costruzione." Ritornai da Ron e gli riportai la prima metà della frase, ma tralasciai la parte a proposito dei lavori di costruzione, perché non volevo smorzare il suo desiderio di acquistare un computer per l'Ashram. Inoltre, dopo averci pensato su, l'idea di avere un computer all'Ashram incominciava a piacermi. Quando però il mio entusiasmo personale mi indusse ad abbreviare le parole di Amma a Ron, non sapevo che l'acquisto di un computer avrebbe segnato l'inizio di una fase molto dolorosa nella mia vita. Fino a quel momento avevo scrupolosamente evitato la tecnologia, sentendo che essa avrebbe potuto distrarmi dalla mia vita spirituale. Anche in questo caso, non avevo nessuna intenzione di imparare a usare il computer. Quando tornai da Amma e le chiesi quando saremmo potuti andare in una grande città a comprare un computer, lei non fu molto contenta e ci disse che potevamo andare quando volevamo, che era il suo modo per dire: "Farete comunque quello che volete, allora perché me lo chiedi?" Questo è il classico esempio di una situazione molto pericolosa nel rapporto con Amma perché, come ho gia detto, Amma funziona a livello dell'intuito, e non del ragionamento. Se si seguono implicitamente le sue istruzioni, le proprie sofferenze saranno molto ridotte. Ma se una persona fa quello che vuole andando contro i desideri di Amma, può aspettarsi come conseguenza un disastro dietro l'altro. Se si segue il sentiero devozionale di abbandono alla volontà di Dio, l'obbedienza e l'abbandono alla volontà del Guru sono una necessità. Ma spesso ci dimentichiamo o trascuriamo la volontà del Guru, visto che la nostra tendenza è di fare ciò che più fa piacere alla mente. A causa di questa forte tendenza, stavo per imparare un'amara ma utile lezione.

Il giorno seguente, Ron, due altri brahmachari ed io andammo nella grande città di Cochin alla ricerca di un computer. Ne trovammo infine uno che ci piaceva e lo ordinammo, perché il negozio aveva in sede solo un modello dimostrativo. Ci dissero che ci sarebbero volute tre settimane per la consegna, e che nel frattempo ci avrebbero prestato il loro computer. Tornammo allora all'Ashram con il nostro nuovo strumento. Adesso la domanda era: "Chi avrebbe imparato ad usarlo?" Visto che nella mia stanza c'era una scrivania, il computer venne messo lì. Poi qualcuno andò da Amma a chiederle chi dovesse imparare ad usarlo, e lei suggerì il nome di due brahmachari che avevano avuto una certa familiarità con la scienza computeristica prima di venire all'Ashram. Ma loro avevano pochissimo tempo libero ed erano soliti venire a fare pratica la sera per un paio d'ore al massimo. Ogni tanto mi consultavano quando avevano qualche problema, pensando che tre teste funzionavano meglio di due. A questo punto un'idea insidiosa m'invase la mente: "Perché non cercare di imparare un po'? E' comunque in camera mia. Se imparo qualcosa, posso aiutarli." Tali erano i miei pensieri.

C'è una storia che racconta di come la semplice vicinanza di un oggetto rovinò la sadhana di uno yogi. C'era una volta un saggio così rigoroso nelle sue austerità che Indra, il signore degli dei, cominciò ad avere paura che un giorno gli avrebbe portato via il trono in paradiso. Indra pensò: "Devo trovare un modo per rovinare le pratiche spirituali di questo santo, ed impedirgli di elevarsi fino ai mondi celesti."

Ad Indra venne un'idea. Travestitosi da cacciatore, scese sulla terra con arco e frecce e si avvicinò all'ashram del saggio. Inchinandosi di fronte al santo, gli disse: "Oh sadhu, sono un cacciatore e devo intraprendere un lungo viaggio a piedi. Ti sarei infinitamente grato se tenessi qui quest'arco pesante e queste

151

frecce fino al mio ritorno, perché sarebbe per me un peso inutile portarmeli dietro."

"Un arco e delle frecce?" esclamò il saggio. "Mi spiace, signore, ma mi recherebbe profondo dolore anche solo vedere tali cose, visto che si usano per uccidere gli animali."

"Swami, li metterò nel retro della vostra casa e non li vedrete mai. Non vi disturberanno in alcun modo e a me verrà risparmiato un grosso inconveniente. Potete per favore aiutarmi?"

Pieno di compassione come un vero sadhu, il santo cedette alla richiesta del cacciatore e l'arco e le frecce vennero lasciate nel retro della dimora del saggio. Il cacciatore ringraziò e se ne andò.

Era abitudine del rishi fare una passeggiata intorno alla sua casa dopo la meditazione; e così ogni giorno vedeva l'arco e le frecce. Infine un giorno pensò: "Vediamo come funziona. Senz'altro non c'è niente di male." Prese in mano l'arco e scoccò una freccia. Fu sorpreso nel vedere la velocità della freccia. Da quel momento in poi non resistette alla tentazione di esercitarsi con l'arco, ogni giorno un po' più a lungo. Alla fine, gli piacque talmente che divenne lui stesso un cacciatore. Così, l'oggetto che all'inizio non voleva nemmeno vedere divenne per lui una fonte di grande piacere e, naturalmente, un enorme impedimento al suo progresso spirituale.

Senza nessuno che m'insegnasse, e senza alcun libro a cui far riferimento, incominciai da zero, imparando dai miei errori. Come sanno tutte le persone che hanno usato un computer, se qualcosa va storto, ci possono essere milioni di motivi, e cominciarono ad andar storte moltissime cose. Vedendo il mio interesse ad imparare ad usare il computer, gli altri due brahmachari smisero di venire. Chiesi loro perché non venissero più, e mi risposero che non avevano tempo. In ogni caso, adesso c'era questo problema: erano stati spesi molti soldi per questo computer, io ero stato uno degli istigatori, e nessuno voleva imparare ad usarlo. Di chi sarebbe stata la colpa di quest'acquisto inutile? Potevo quasi immaginare quello che Amma avrebbe detto: "Non ti avevo avvertito? Devi sempre imparare a tue spese!" Cominciai quindi a farmi prendere dal panico e decisi che o la va o la spacca, almeno una persona avrebbe imparato a far funzionare il computer, e che quella persona ero io. Più facile a dirsi che a farsi. Passai molte, molte notti insonni a lottare con quella diabolica macchina. In moltissime occasioni fui sull'orlo del pianto, tanta era la frustrazione, ma grazie a intense preghiere e alla mia perseveranza, riuscii infine a acquisire una certa abilità. Da quel momento in poi la mia mole di lavoro aumentò paurosamente.

Fino a quel momento ero stato impegnato a duplicare le cassette dei canti dell'Ashram. Tutti i registratori erano nella mia stanza, uno sopra l'altro, e io continuavo a registrare senza interruzione, giorno e notte, perché la domanda era sempre maggiore dell'offerta. Nei primi tempi l'Ashram non vendeva foto di Amma né registrazioni di bhajan. Ogni tanto un devoto si offriva di duplicare delle foto o delle cassette, e poi noi distribuivamo gratuitamente i duplicati a chiunque ne facesse richiesta. Ma poi le richieste divennero troppe e non ci fu altra scelta se non vendere le cassette e le foto ad un costo minimo, per soddisfare le richieste dei devoti. Col passare degli anni il numero dei devoti in visita all'Ashram continuò ad aumentare e con esso anche la richiesta di cassette. Poiché non potevo fare alcun lavoro fisico a causa dei miei problemi alla schiena, il lavoro di duplicare le cassette ricadde su di me. Era un compito che mi teneva occupato giorno e notte, ininterrottamente. La notte, inserivo le cassette, facevo partire i registratori, mi sdraiavo, mi addormentavo, e quando sentivo il click dei registratori, mi alzavo, giravo le cassette, e tornavo a dormire per un'altra mezz'ora fino al click successivo. Ciò andò avanti per diversi anni.

Un altro mio compito era di pompare acqua nella cisterna generale dell'Ashram, di notte. Era soltanto di notte che le linee municipali fornivano l'acqua. Poiché la pressione dell'acqua era molto bassa, avevamo costruito un serbatoio sotto il livello del terreno per riuscire ad ottenere la massima quantità d'acqua grazie alla forza di gravità. In genere la pressione era così bassa che riusciva a spingere l'acqua solo fino a circa trenta centimetri sopra il livello del terreno. Dovevo quindi svuotare il serbatoio regolarmente, pompando l'acqua nella cisterna sopraelevata, in modo che il serbatoio potesse continuare a ricevere acqua. Questo lavoro significava che, la notte, oltre a dovermi alzare ogni mezz'ora per le cassette, dovevo pompare acqua per un'ora ad ore alterne. Ora anche il lavoro al computer ricadde sulle mie spalle.

Anche se la ditta aveva promesso di farci avere il computer dopo tre settimane, i giorni e le settimane passavano senza che ricevessimo niente. Infine, dopo sei mesi, il computer incominciò ad arrivare, pezzo dopo pezzo. Finalmente avevamo il computer, ma questa non fu la fine dei nostri problemi. Proprio come erano arrivati uno dopo l'altro, settimana dopo settimana, i pezzi iniziarono a rompersi alla stessa velocità, fino a che ogni singola parte dovette essere sostituita. Quando tutti i pezzi furono cambiati, il ciclo si ripeté, e una dopo l'altra le varie parti dovettero di nuovo essere sostituite. La compagnia mi disse che non avevano mai sperimentato niente di simile. Avevano altissimi standard di funzionamento, e non riuscivano a capire cosa causasse tutti questi problemi, a loro e a noi. Io esitai a dirgli quella che sapevo essere la verità, in altre parole che il computer non aveva la benedizione di Amma. A volte pensai addirittura che forse Amma aveva messo una maledizione sull'intera faccenda.

Un giorno, quando uno dei tecnici venne a fare delle riparazioni, espresse il desiderio di ricevere il darshan di Amma.

Dopo essersi inchinato ad Amma, si alzò e lei gli disse: "Nealu pensa che io abbia maledetto il computer. Ma io non maledico mai niente o nessuno. Perché dovrei? Loro sono capacissimi di maledirsi da soli." Dopo questo episodio l'intensità dei nostri problemi col computer diminuì, ma non cessò mai completamente.

Una volta riparato, il computer divenne così necessario che sorse il bisogno di comprarne un altro. Andai da Amma con esitazione, spiegandole che non si trattava di una mia idea o di un mio desiderio personale, ma che tutto il lavoro dell'Ashram non poteva più essere svolto da un solo computer. Amma diede il suo consenso perché andassi a Cochin ad acquistare un nuovo computer. Quando il giorno dopo andai nella sua stanza per dirle che stavo andando, lei mi chiese: "Dove?" Le ricordai che mi aveva dato il suo permesso per andare a Cochin a comprare un computer, ma lei disse che non si ricordava niente di tutto questo. Nei sei mesi successivi la stessa scena si ripeté quattro volte, finché decisi che non avrei più sollevato l'argomento. Dopotutto, ero venuto all'Ashram per realizzare Dio, e non per sprecare il mio tempo a preoccuparmi di questo fastidioso computer. Decisi a quel punto che non volevo più aver niente a che fare con il computer, un'idea che cambiai mille volte in seguito. A poco a poco mi divenne chiaro che Amma aveva deciso che sarei diventato la prima persona al mondo a realizzare Dio di fronte ad un computer! Nei tempi antichi gli aspiranti spirituali erano soliti passare il loro tempo nelle grotte a meditare, fino a quando il loro ego non si assottigliava al punto da lasciar filtrare la Luce di Dio. Forse nell'era moderna i monaci riusciranno ad arrivare alla stessa purezza mentale faticando di fronte ad una tastiera.

Il Guru ci offre molte opportunità per migliorare la nostra "media" di abbandono ed obbedienza. Dopo qualche tempo io ricevetti la mia. Un giorno scoprii un piccolo foruncolo a un dito. Dopo essermelo grattato un po', si infettò. La ferita divenne sempre più grande, fino a ricoprire metà dito, bruciava ed era piena di pus. Cercai di guarirla con diverse pomate ed antibiotici, ma senza alcun risultato. Infine, dopo dieci giorni di sofferenza, decisi che forse avrei dovuto farla vedere ad Amma, visto che la scienza non era riuscita ad aiutarmi. Allo stesso tempo, esitavo un po' a chiedere ad Amma una cosa così materiale, così escogitai un piano. Mi fasciai il dito con una benda, facendo una fasciatura grande quanto una palla da tennis e andai nella sua stanza e, dopo essermi prostrato, mi sedetti accanto a lei. Naturalmente lei notò la mia mano e mi chiese, come avevo sperato, quale fosse il problema. Io sbendai la fasciatura in modo cerimonioso. Amma vi diede un'occhiata e disse: "Oh, perché non ci metti un po' di curcuma in polvere?" "Curcuma in polvere, " pensai io, "cosa può fare della curcuma in polvere quando le bombe nucleari della medicina moderna non sono servite a niente?".

Ma subito dopo mi ricordai che le parole di Amma non devono essere prese alla leggera, quindi lasciai la stanza e andai dritto nella cucina dell'Ashram. Dopo aver cercato di qua e di là, trovai una borsa di plastica con della curcuma in polvere che era stata ovviamente usata per cucinare. Subito pensai: "Qualcuno ci avrà senz'altro messo dentro le sue mani sporche ed unte; non è abbastanza pulita da mettere su una ferita." Ma poi mi resi conto che per dare i suoi frutti, la volontà di Amma non dipendeva certo da quanto fosse pulita la curcuma. Strofinando un po' di curcuma sulla ferita provai un istantaneo sollievo dalla sensazione di bruciore e nel giro di una settimana l'infezione era guarita. Vedendo ciò pensai di aver scoperto una medicina miracolosa. Poiché davo una mano anche nel dispensario medico e fasciavo le ferite, applicai della curcuma in polvere sulla prima ferita che mi si presentò, fasciandola con una benda. Quale non fu la mia sorpresa quando il paziente ritornò due giorni dopo con una bellissima infezione, molto peggio di prima! Evidentemente, non era stata la curcuma a curarmi, ma la volontà onnipotente di Amma.

Capitolo 9

Brahmasthanam –
Dimora dell'Assoluto

Non molto tempo dopo essere ritornata dall'estero, Amma decise di costruire e consacrare un tipo unico di tempio nel villaggio di Kodungalur, a circa quattro ore di distanza a nord dell'Ashram. Questo tempio si chiama Brahmasthanam (Dimora dell'Assoluto), ed ha quattro porte che si aprono verso i quattro punti cardinali. L'immagine sacra installata è composita, scolpita su una pietra unica, e contiene quattro divinità differenti, una su ogni lato: il Signore Shiva, la Devi, il Signore Ganesha (colui che rimuove gli ostacoli) e Rahu che, nella forma di serpente, rappresenta uno dei "pianeti" che influenzano il destino umano (nell'astrologia occidentale Rahu è il nodo a nord della luna). Il Brahmasthanam, come lo ha concepito Amma, serve da infallibile rifugio per le molte persone intrappolate nel vortice delle influenze planetarie negative. Ad Amma venne l'idea di un tempio simile esaminando la causa della sofferenza dei milioni di persone che vanno da lei alla ricerca di un po' di sollievo dai loro mali inspiegabili. Amma pensa che la posizione ed il movimento dei pianeti e di altri corpi celesti abbiano un impatto, diretto od indiretto, sulla vita dell'uomo. Le influenze negative sono generalmente causate dalla posizione e dal movimento dei pianeti Saturno, Marte e dall'ombra di Rahu. Amma decise che ci doveva essere un mezzo efficace per superare queste influenze malefiche. Quindi inaugurò una puja in questo tempio per annullare gli effetti negativi di questi pianeti e dei loro periodi di transizione.

La partecipazione personale alla puja nel tempio Brahmasthanam assicura risultati veloci e positivi per i sofferenti. Se fatto seriamente e con lo spirito giusto, non c'è atto di devozione che non abbia un risultato. Le puja compiute nei templi Brahmasthanam di Amma, fin dalla prima inaugurazione a Kodungalur, hanno il risultato di purificare l'atmosfera. Un secondo tempio fu consacrato all'Ashram di Amma a Madras e, nel maggio 1990, i sette giorni di riti, a cui parteciparono oltre mille persone, causarono la pioggia, tanto necessaria per alleviare la siccità nell'area di Madras. Per la purificazione della mente e per l'aumento delle qualità spirituali nella propria vita, non basta andare semplicemente al tempio, o in chiesa, rendere omaggio e tornare a casa. E' necessario compiere qualche tipo di pratica spirituale ed installare il Signore nel proprio cuore tramite una devozione basata sui principi spirituali. E' per condurre la gente verso questa meta che Amma ha sviluppato il tempio Brahmasthanam e i suoi riti devozionali.

Nei tempi antichi erano i Grandi Maestri che installavano le immagini sacre. Amma dice: "L'installazione delle immagini sacre non deve essere compiuta da coloro che non sono capaci a controllare la loro forza vitale. Deve essere fatta da coloro che sono in grado di infondere *prana shakti* (forza vitale) nell'immagine, e quindi instillare in essa una presenza vivente (*chaitanya*). Solo se sono tali saggi a installare l'immagine, la chaitanya crescerà in essa ed aumenterà se saranno compiute regolarmente le puja."

Se si studia la storia dei templi antichi vi si può riscontrare l'assoluta veridicità delle affermazioni di Amma. Templi famosi come Tirupati Venkatesvara e Guruvayur Krishna sono esempi di templi consacrati da saggi antichi. Essi attraggono milioni di devoti ogni anno. Le immagini installate dai saggi, anche se esternamente si presentano come una semplice pietra, sono in realtà il riflesso dello splendore del Supremo. Tali immagini sono piene di potere divino e possono esaudire i desideri dei devoti. Ci sono tante immagini di questo tipo in India.

Alcune persone possono mettere in discussione la necessità di templi ed immagini di divinità, poiché la meta della Realizzazione del Sé è fare l'esperienza dell'Assoluto, in cui non esiste dualità. A questo proposito Amma dice: "Coloro che hanno raggiunto lo stato di Realizzazione Non Dualistica possono affermare che nessuno nasce e nessuno muore, perché loro non hanno coscienza corporea. Infatti *loro* non nascono né muoiono. Però, abbiamo forse raggiunto tutti lo stato di Non-Dualità? La maggior parte delle persone non ha forse ancora la coscienza del corpo? Nella maggior parte dei casi la loro mente è debole, immersa soltanto nella materialità. Essi non hanno la conoscenza della loro Perfezione innata, e quindi sono influenzati dalle attività mondane, e soffrono. Se si danno dei consigli a tali persone seguendo il metodo non-duale dell'Advaita, è difficile che esse possano tutt'a un tratto metterli in pratica nella loro vita quotidiana e progredire. Si può dir loro: 'Tu non sei il corpo', ma coloro che vivono nel mondo sanno quanti sono i problemi legati al corpo. Per cui, anche se si dice loro: 'Tu non sei il corpo, la mente o l'intelletto', essi non ne hanno fatto mai l'esperienza. Anche se sanno che è vero, sono immersi nel mondo e non possono all'improvviso trasformare se stessi e farne l'esperienza nella loro vita quotidiana. *Advaita* (non-dualità) è la Verità, ma è un insegnamento che non si può dare di punto in bianco. Se un bambino piange perché si è fatto male ad una mano, non è giusto dirgli: 'Non piangere. E' soltanto il corpo, e tu non sei il corpo.' Il bambino continuerà comunque a piangere dal dolore. Tale è la condizione di coloro che vivono nel mondo. Essi sono colpiti da congiunzioni planetarie e dovranno soffrire a causa dei frutti del loro karma negativo.

"Amma ha incontrato per lo meno dieci milioni di persone. Anche coloro che sono proprietari di navi ed aeroplani hanno tristi storie di sofferenza da raccontare, e vengono a cercare un po' di pace. Amma conosce la sofferenza che essi attraversano a causa delle congiunzioni negative dei pianeti. Questi templi sono stati costruiti per offrire sollievo a tali persone.

"Oggigiorno, quante persone in tutta l'India hanno davvero fede in Dio? Nei templi non si vede una vera devozione. Molte persone cercano addirittura di distruggere i templi! Ciò nonostante, se si spiegano loro in modo convincente i principi che stanno alla base dei riti di devozione, si può operare in loro un grande cambiamento. Si può instillare la devozione anche nelle persone che hanno un approccio razionalistico. E' per questa ragione che Amma ha costruito questi templi.

"La natura dell'immagine installata a Kodungalur è 'unità nella molteplicità e molteplicità nell'unità'. Oggetti diversi non diventano forse una cosa sola, cioè cenere, quando vengono offerti al fuoco e bruciano? In modo simile, nel Fuoco della Conoscenza la molteplicità si riduce ad Unità. Nelle quattro immagini sacre si deve percepire il senso di Unità. Il Potere Divino che risiede in ogni cosa è soltanto uno. Quando guardiamo una persona, non consideriamo i singoli organi, occhi, naso, braccia e gambe, ma vediamo una forma umana composta di tutti questi organi. Allo stesso modo, anche se ogni persona è un'unità separata, bisogna vedere l'identità dell'Unico Sé, che risiede in ognuno. Questo è il concetto da capire.

"Premendo un solo interruttore si possono accendere più lampadine. Qui nel Brahmasthanam quattro "luci" sono state connesse ad un solo 'interruttore', tutto qua. Grazie ad una risoluzione di Amma, l'energia vitale è stata infusa nelle quattro divinità. Ciò che definiamo 'energia' è una cosa sola, perché allora installare i quattro idoli in quattro posti diversi? Ecco perché sono stati posti tutti nella stessa pietra. Bisogna inoltre considerare che l'installazione delle divinità in quattro posti diversi avrebbe richiesto molto più spazio. La cosa importante è il concetto, e non tanto dove o come viene fatta l'installazione.

"Figli miei, Dio non è nella pietra. Non è forse nei nostri cuori? E' per pulirsi la faccia che ci si guarda allo specchio. Noi non siamo nello specchio. Dio è dappertutto ma, per purificare la mente umana e rimuovervi lo sporco, è necessario uno strumento. Dovremmo sviluppare una chiara concezione di Dio nella nostra mente. L'immagine sacra serve a questo. Alcune persone venerano Dio in una montagna. Ciò che importa è la propria concezione, la propria attitudine. In modo simile, questo tempio e l'immagine che vi è stata installata sono una concezione di Amma. E' il vedere Dio nella forma di Shiva-Shakti. Nei tempi antichi non esistevano templi. Il tempio era nel cuore di ognuno. Quanto tempo fa sono sorti i primi templi? Piuttosto recentemente. Per far progredire la gente a secondo della loro natura, i Mahatma hanno installato forme divine differenti in periodi differenti.

"La natura del Signore Shiva è lo Stato dell'Assoluto. Soltanto l'Assoluto (Brahman) ha la capacità di rimuovere tutte le impurità. Il Signore Shiva prende su di sé ed inghiotte, tutto solo, le conseguenze delle cattive azioni di tutti gli esseri. Il Signore Shiva è il filtro che riceve il karma negativo di uomini e dei. La natura del Signore è di ricevere le impurità dell'umanità e quindi di purificarle. Lui, per quante impurità assorba, non ne viene colpito, e può salvare il mondo. Il Signore Ganesha è colui che rimuove gli ostacoli e gli impedimenti. Rimossi gli ostacoli, Devi, l'Energia Divina, (*kundalini shakti*), assopita alla base della colonna vertebrale (*muladhara chakra*), viene risvegliata ed emerge sotto forma di serpente, e si dirige verso l'alto finché non raggiunge Shiva (lo Stato Senza-Forma dell'Assoluto). Questo è il principio implicito nel Brahmasthanam. L'obiettivo di Amma non è portare le persone a adorare un'immagine; Amma vuole la loro Realizzazione."

Capitolo 10

Prove di fede

Il secondo giro del mondo di Amma incominciò nel maggio del 1988. Avendo sperimentato o sentito parlare dell'Amore Divino di Amma l'anno precedente, molte più persone si recarono al darshan. In ogni località le sale traboccavano di gente. A Singapore una signora s'inchinò ad Amma e quando si rialzò, Amma le disse: "Perché non sei tornata il giorno dopo?" La donna in un primo momento rimase sconcertata e poi andò fuori di sé dalla gioia. Ci disse poi che l'anno precedente, quando era venuta da Amma, Amma le aveva chiesto di tornare il giorno successivo ma, a causa di circostanze inevitabili, lei non aveva potuto. Questo era il significato della domanda di Amma. La donna era sconcertata dal fatto che Amma, che da allora doveva aver incontrato centinaia di migliaia di persone, si ricordasse di una cosa così insignificante. Ciò la convinse della divinità di Amma.

E' forse appropriato a questo punto accennare qualcosa sui siddhi, o poteri mistici. Intorno ad Amma accadono molti miracoli. Lei mostra anche un'onniscienza chiara ed infallibile. Anche quando fa finta di non sapere qualcosa, per i devoti è ovvio che si tratta solo di una finzione. Quante migliaia di persone hanno sperimentato la sua onniscienza! E quante altre migliaia hanno fatto l'esperienza della sua grazia che li ha salvati da problemi irrisolvibili! Amma non mette in mostra i suoi poteri. E' troppo sottile per fare una cosa del genere. Non nega però che i Mahatma siano in grado di compiere cose che a noi sembrano miracolose. Quando le vennero fatte delle domande sulla natura dei miracoli e dei poteri spirituali, lei rispose: "I miracoli vengono in genere attribuiti a persone divine. C'è un'opinione generale secondo la quale i miracoli possono essere compiuti soltanto da un essere divino, e che i miracoli facciano parte di lui. La gente crede anche che, se una persona non compie alcun miracolo, non possa essere una grande anima, mentre in realtà può essere addirittura Realizzata. Ma la verità è che quello che noi consideriamo un miracolo può accadere oppure no, quando ci troviamo alla presenza di grandi anime, perché a loro non importa molto dei miracoli. Essi non hanno niente da perdere o da guadagnare nel compiere un miracolo. Non sono interessati alla fama o al prestigio, né vogliono piacere o dispiacere a nessuno. Se il miracolo accade, va bene, se non accade, va bene lo stesso. Nell'era moderna, però, la fede in Dio della gente dipende dai miracoli che un maestro realizzato o un essere divino compiono. Sfortunatamente ci sono anche i cosiddetti guru che sfruttano la gente con la scusa dei miracoli.

"Avere padronanza completa della mente equivale ad avere padronanza dell'universo. Tutto nel creato è composto di cinque elementi: fuoco, acqua, terra, aria e spazio. Una volta raggiunta la Realizzazione di Dio, tutti questi elementi sono sotto il vostro controllo, diventano i vostri servitori obbedienti. Se volete che qualcosa si trasformi in una montagna, così sarà; se volete creare un altro mondo, anche questo è possibile. Perché questo succeda non bisogna nemmeno raggiungere il punto finale della Realizzazione. Si può ottenere quest'abilità anche prima di arrivare alla meta finale.

"Una persona può possedere poteri miracolosi ma, finché è stretta nella morsa dell'ego e dei concetti 'io' e 'mio', questi poteri sono inutili, perché la sua natura di base rimane la stessa, e non può cambiare o trasformare nessuno. Una tale persona non può condurre nessuno verso la divinità. Chi utilizza questi poteri in modo sbagliato può solo distruggere e recare danno alla società. Utilizzando i suoi poteri contro le leggi di natura egli crea le condizioni per la propria rovina.

"In realtà, compiendo i miracoli si sconvolgono le leggi di natura. Naturalmente un'Anima Realizzata è libera di farlo, perché è una cosa sola con l'energia cosmica, ma lo farà solo se è assolutamente necessario. Preferisce evitarlo per quanto è possibile.

"Il governo, con l'aiuto di esperti amministrativi, crea la costituzione di un paese, e poi i membri del governo devono aderire alle leggi che loro stessi hanno creato. In modo simile, i veri maestri sono coloro che hanno stabilito le leggi di natura ma, per dare l'esempio, devono loro stessi sottoporvisi, senza infrangerle.

"La spiritualità non ha lo scopo di rafforzare l'ego. La spiritualità libera dall'ego, insegna a trascenderlo. Chiunque può sviluppare poteri occulti compiendo certe pratiche prescritte dalle scritture. Ma la vera realizzazione spirituale è qualcosa molto al di là di cose simili. E' lo stato in cui ci si libera completamente da tutte le catene, le catene del corpo, della mente e dell'intelletto. E' l'esperienza interiore della Verità Suprema. Quando si è raggiunta questa meta finale, non si provano più sentimenti negativi come rabbia, odio, vendetta. In quello stato si dimora nella pace suprema e nell'amore divino, indipendentemente dal tempo e dallo spazio e, dovunque ci si trovi, s'irradiano pace e amore. L'amore divino, la compassione e la pace che irradiate trasformeranno la mente delle persone. Un'Anima Realizzata può trasformare mortali in immortali, ignoranti in saggi e l'uomo in Dio. Questo è il vero miracolo che accade alla presenza di un Mahatma.

"Alla presenza di un Mahatma i miracoli possono accadere spontaneamente; sono semplicemente parte integrante della sua esistenza. Con un solo sguardo del Maestro, o per un suo desiderio, tutto può essere trasformato in ciò che lui vuole. Bisogna però avere l'attitudine e l'intuizione corrette per percepire i veri miracoli che accadono attorno ad un Maestro.

Una persona che è diventata una cosa sola con la Coscienza Suprema è una cosa sola anche con tutto il creato. Non è più soltanto il corpo. E' la forza vitale che splende in ogni cosa del creato. E' la Coscienza che dona bellezza e vitalità ad ogni cosa. E' il Sé immanente in ogni dove.

"C'è una storia sul grande saggio Vedavyasa e suo figlio Suka. Fin da bambino Suka era distaccato dal mondo. Vedavyasa voleva che suo figlio si sposasse e conducesse una normale vita di famiglia; ma Suka, che era nato divino, era fortemente propenso a vivere una vita da rinunciante. Così un giorno abbandonò ogni cosa e partì per diventare un sannyasi. Mentre stava andando via, suo padre lo chiamò. E fu la Natura a rispondere al suo richiamo – gli alberi, le piante, le montagne, le vallate, gli uccelli e gli animali – furono loro a rispondere. Che cosa significa tutto questo?

"Quando Vedavyasa chiamò suo figlio, rispose la Natura, perché Suka era la Pura Coscienza immanente in tutta la Natura. Vedavyasa chiamò Suka, ma Suka non era il corpo e non aveva quindi né nome né forma. Era al di là di nome e forma. Esisteva all'interno di ognuno; i corpi di tutte le creature erano il suo corpo. Era in tutti gli esseri, e quindi ogni cosa nel creato rispose al richiamo. Questo è il significato della storia.

"Trascendere l'ego significa diventare una cosa sola con l'universo. Si diventa vasti come l'universo. Ci si tuffa nella profondità dei suoi misteri segreti e si realizza la realtà ultima, la Verità Suprema. Si diventa i signori dell'universo.

"Amma non si è mai sentita separata in alcun modo dal suo vero Sé. Per cui è difficile dire da che momento in poi questo potere miracoloso ha incominciato a funzionare. Non c'è stato mai un momento in cui Amma non abbia sperimentato la sua unità con il Potere Supremo. Fin dalla nascita Amma sapeva che non esiste altro all'infuori di Dio."

Durante il secondo tour mondiale, oltre ai paesi che aveva visitato l'anno precedente, Amma si recò anche in Inghilterra ed in Germania. Un giorno a Monaco, durante il darshan del pomeriggio, andai a fare una passeggiata. M'imbattei inaspettatamente in un palazzo antico che era stato trasformato in museo. Di fronte al palazzo c'era un laghetto che conteneva un gran numero di cigni e molti pesci. Pensai che forse ad Amma sarebbe piaciuto vederli e dopo il darshan gliene parlai. Amma divenne come una bambina piccola nella sua impazienza di vedere i cigni, perché nelle sacre scritture indiane si afferma che ci siano dei cigni nel Lago Manasarovar in Tibet, vicino al famoso Monte Kailash, dimora leggendaria del Signore Shiva. Secondo le scritture, i cigni hanno la capacità unica di separare il latte dall'acqua. Sono in grado di farlo grazie a secrezioni acide presenti nella loro bocca, che fanno rapprendere il latte e lasciano da parte l'acqua. Sono il simbolo del discernimento fra il reale e l'irreale. Che cos'è reale e cosa irreale? Ciò che non cambia mai, che resta uguale nel passato, presente e futuro è reale; tutto il resto è irreale. Questa è la definizione di Realtà che hanno dato gli antichi saggi. Ogni cosa nel creato è un misto di reale ed irreale. Le forme sono irreali, ma la loro essenza è reale, e pervade ogni cosa, come il latte versato nell'acqua. Se utilizziamo il discernimento per cercare dentro di noi ciò che non cambia mai, troveremo la Verità.

Andammo al laghetto prima del programma serale e Amma si precipitò correndo verso i cigni. Diede loro da mangiare dei pezzi di pane che essi presero direttamente dalle sue mani, e lei rideva e si divertiva come una bambina.

Amma passò una decina di giorni nelle Alpi Svizzere, ad un paio d'ore da Zurigo. Durante il suo soggiorno parlò con un devoto che era ossessionato dalla paura della morte. "Dio ti ha dato un'aura; essa ha un'energia infinita ed illimitata e può essere continuamente ricaricata. Possiamo viaggiare in qualsiasi mondo, persino in uno senz'aria. La morte può essere trascesa. Tu non sei mai nato, né mai morirai. Se il ventilatore, o il frigorifero, o una lampadina si rompono, la corrente elettrica non viene distrutta. Allo stesso modo, l'Atman in te è eterno. Non aver paura della morte, e non preoccuparti della prossima vita."

Un'altra persona chiese: "Amma, ogni giorno dedico del tempo alla meditazione, ma non ottengo i benefici desiderati."

Amma rispose: "Figlio mio, la tua mente è aggrovigliata in così tante faccende. Regolarità e disciplina sono indispensabili per un aspirante spirituale. Se fai sadhana senza queste qualità, come fai a trarne vantaggio? Se metti dell'olio in un recipiente e poi lo travasi in un altro, e poi in un altro, e poi in un altro ancora e così via, alla fine non ne rimarrà niente. Dov'è andato a finire l'olio? E' rimasto attaccato alle pareti dei vari contenitori. In modo simile, se ti occupi di tante attività mondane dopo la meditazione, il potere ottenuto dalla concentrazione su un singolo oggetto andrà perso nel labirinto della molteplicità. Se riesci a vedere Dio negli oggetti del mondo, allora non perderai il potere acquisito grazie alla meditazione.

Un giorno, dopo il rientro di Amma in India, arrivò un telegramma da Parigi. Era del brahmachari francese che aveva organizzato i programmi europei di Amma. Aveva vissuto all'Ashram per circa sei anni, finché il governo indiano aveva deciso di non estendergli più il visto. Quando aveva chiesto ad Amma cosa fare, lei gli aveva detto di tornare in Francia a dare lezioni sulla spiritualità. Lui era completamente sconvolto, perché naturalmente voleva passare il resto della sua vita accanto ad Amma, come tutti noi. A quei tempi non si era ancora parlato di un viaggio di Amma intorno al mondo o, per lo meno, noi non ne avevamo idea, anche se Amma sapeva benissimo che si sarebbe recata in America e in Europa. Tutti, compresa Amma, eravamo andati alla stazione in lacrime a dare l'addio al brahmachari. Con solo qualche dollaro in tasca e senza alcun amico in Francia, egli era ritornato a Parigi alquanto depresso. Aveva però fede che questa fosse la volontà di Amma e che tutto sarebbe andato per il meglio. Aveva passato i primi tempi in una chiesa e poi ospite a casa di alcune persone con cui era entrato in contatto, facendo ogni tanto qualche discorso su Amma e sul Vedanta, la filosofia del Non-Dualismo. Infine suo padre, con cui aveva avuto pochissimi contatti, gli aveva offerto una piccola stanza senza riscaldamento all'ultimo piano di un palazzo di sua proprietà. Aveva incominciato a viaggiare in diverse parti della Francia, in Inghilterra, Austria, Germania, Svizzera, Belgio ed Italia, tenendo lezioni in ognuno di questi paesi. A volte percorreva quasi ottomila chilometri al mese. Quando fu proposto il primo tour americano, i devoti europei espressero il desiderio di avere Amma in Europa, allora lui organizzò il tutto. Ma a causa dei tantissimi impegni e del numero eccessivo di viaggi, la sua salute ne risentì, finché gli venne un glaucoma ad entrambi gli occhi. Nel telegramma ad Amma scrisse: "I dottori dicono che posso perdere la vista a causa del glaucoma. Non ho soldi per un trattamento medico. Sia fatta la volontà di Amma." Mentre leggeva il telegramma, Amma si mise a piangere, si alzò e si spostò in un angolo dell'Ashram, per restar sola. Si mise in meditazione per un po' e poi chiamò uno dei brahmachari e gli disse di andare nella città più vicina in cui ci fosse un telefono per chiamate internazionali, di telefonare al brahmachari in Francia e dirgli di non preoccuparsi, perché l'Ashram gli avrebbe mandato i soldi necessari. Quando lui tornò, circa sei ore dopo, disse ad Amma che il brahmachari era appena tornato da una visita medica e che non solo uno ma tre dottori lo avevano esaminato e non avevano più trovato alcuna traccia del glaucoma. I dottori lo considerarono un miracolo, ma il brahmachari sapeva la verità, che era cioè intervenuta Amma.

Un vero Guru farà passare il discepolo attraverso severe prove di fede, dopo che il loro rapporto ha raggiunto un certo livello. Questo non è fatto per crudeltà, ma per benedire il discepolo dandogli la possibilità di sviluppare una fede perfetta, per esaurire tutto il karma passato ed infine liberarlo dal ciclo di nascita e morte. La vita spirituale non è uno scherzo e solo coloro che sono pronti a morire per la Realizzazione di Dio dovrebbero intraprenderla fino in fondo, perché più si va avanti e più diventa impegnativa. Ci sono molti racconti nella letteratura spirituale di tutto il mondo sulle prove a cui i discepoli sono stati sottoposti dal loro Guru.

C'è la storia di un devoto che era un ricco proprietario terriero e possedeva un intero villaggio. La sua forma di devozione era di venerare la tomba di un santo. Ma un giorno andò a sentire il satsang di un grande Guru; e ciò fece una tale impressione su di lui che decise di chiedere al Guru di concedergli l'iniziazione.

Il Guru era un essere onnisciente, ma gli chiese comunque chi fosse il suo maestro; l'uomo fece il nome del santo deceduto. "Ti concederò l'iniziazione dopo che sarai tornato a casa e avrai smantellato la tua stanza per la puja" disse il Guru. Il devoto corse a casa il più in fretta possibile e demolì la stanza. Le varie persone che si erano radunate per vedere cosa stesse facendo gli dissero in modo solenne: "Fratello, dovrai pagare a caro prezzo per la profanazione di questa stanza sacra. Non vorremmo essere nei tuoi panni."

Lui rispose con sicurezza: "L'ho fatto volentieri e sono pronto a subirne tutte le conseguenze." Quando tornò dal Guru, il Maestro gli conferì l'iniziazione.

Ma era destino che l'uomo venisse sottoposto ad altre prove. Dopo breve tempo il suo cavallo morì, poi fu la volta di alcuni vitelli. I ladri gli entrarono in casa e rubarono tutto. Allora la gente incominciò a schernirlo, dicendo: "Questo è il risultato della mancanza di rispetto per il santo defunto. Va' a ricostruire il tempio in casa tua." Ma lui non diede retta a nessuno. Disse: "Non mi interessa quello che succede. Il mio Guru è onnisciente e sa cosa è meglio. Niente mi può togliere questa certezza."

Ma le disgrazie continuarono a ripetersi, e nel giro di breve tempo non solo era poverissimo, ma doveva anche dei soldi a molte persone. Tutti i creditori volevano essere pagati immediatamente e gli dissero: "O ci paghi o te ne vai subito dal villaggio." Molti suoi amici gli dicevano: "Se solo ricostruisci la stanza della puja, le cose torneranno ad andarti bene." Ma il devoto era inflessibile e preferì lasciare il villaggio. Con la moglie e la figlia impacchettò quel poco che gli era rimasto e trovò rifugio in un altro villaggio. Essendo stato un ricco proprietario terriero, non aveva mai imparato nessun mestiere. Ma adesso aveva bisogno di soldi, quindi iniziò a guadagnarsi da vivere tagliando e vendendo erba.

Passarono in questo modo molti mesi, quando un giorno il Guru gli mandò una lettera tramite uno dei suoi discepoli. A questo discepolo il Guru aveva detto: "Assicurati di farti dare venti rupie in offerta prima di consegnargli la lettera. Se non ti dà i soldi, riporta indietro la lettera." Il devoto fu contentissimo di vedere la lettera ma non aveva i soldi per l'offerta. Chiese consiglio a sua moglie, che gli disse: "Andrò dall'orefice a vendere i miei gioielli e quelli della bambina." L'orefice offrì loro esattamente venti rupie, che furono consegnate al discepolo. Il devoto ricevette la lettera, la baciò e se la tenne stretta al cuore. In quel momento entrò in samadhi.

Ma il Guru voleva metterlo ulteriormente alla prova e quindi disse ad uno dei suoi discepoli: "Chiedigli di venire a vivere all'Ashram." Il devoto e la sua famiglia corsero all'Ashram del Guru e si stabilirono lì. Andarono a lavorare in cucina, a lavare le pentole e a spaccare la legna. Dopo qualche giorno il Guru chiese: "Che cosa mangia il nuovo devoto?" "Mangia con tutti noi il cibo gratuito della mensa" rispose un discepolo. "Mi sembra, " disse il Guru, "che non stia davvero facendo un servizio. Se lo facesse, non si aspetterebbe niente in cambio per il suo lavoro. Invece così si fa pagare un salario, che riscuote sotto forma di cibo." Quando il devoto venne a sapere ciò disse: "Non voglio niente in cambio del servizio al mio amato Guru, che mi ha dato il gioiello inestimabile del mio mantra. Ci procureremo da mangiare in qualche altro modo." Da quel giorno in poi andò ogni notte nella foresta a tagliar legna, per venderla al mercato e potersi comprare da mangiare. Durante il giorno lui e sua moglie continuavano a lavorare in cucina.

Qualche tempo dopo, si era recato nella foresta a tagliar legna, quando si scatenò una tempesta. Il vento era così forte che scaraventò lui e il suo fastello di legna dentro ad un pozzo. Il Guru era al corrente d'ogni cosa, chiamò alcuni discepoli e disse loro di prendere una fune e un'asse di legno e di seguirlo nella foresta.

Quando arrivarono sul posto, il Guru disse: "E' in fondo a questo pozzo. Fategli un urlo e ditegli che gli manderemo giù un'asse legata ad una fune per tirarlo fuori." Aggiunse poi qualche parola in privato al discepolo che avrebbe dovuto chiamare il devoto.

Dopo aver spiegato il da farsi al devoto, il discepolo aggiunse: "Fratello, guarda in che condizione miserabile ti trovi. E' tutta colpa del modo in cui ti tratta il Guru. Perché non ti dimentichi di un Guru che ti fa queste cose?" Il devoto gridò: "Cosa? Dimenticarmi del mio amato Guru? Mai e poi mai! E tu, ingrato, in mia presenza non parlare mai più del Guru in modo così irrispettoso. Mi fa soffrire moltissimo sentire delle parole così terribili."

Gli chiesero poi di afferrare la tavola di legno e di farsi tirare su, ma lui insistette che i discepoli tirassero su prima la legna, dicendo: "E' per la cucina del Guru e ho paura che si bagni e non bruci più." Infine uscì dal pozzo e si trovò a faccia a faccia con il Satguru che gli disse: "Fratello, hai attraversato così tante avversità e le hai affrontate tutte con coraggio, fede e devozione nel Satguru. Ti prego, esprimi un desiderio. Te lo sei guadagnato e mi renderebbe molto felice poterlo esaudire."

Sentendo ciò, il devoto cadde in ginocchio davanti al suo amato Maestro e con le lacrime agli occhi esclamò: "Che cosa posso mai volere se non te e te soltanto? Non c'è nient'altro al mondo che m'interessa."

Sentendo queste parole, dette con il cuore, il Guru lo abbracciò e disse:

Tu sei l'amato del tuo Guru,
E il Guru è il tuo unico amore.
Adesso tu, come il Guru,
Sei una nave che trasporta la gente
Al di là dell'oceano della vita e della morte.

Verso la fine di quell'anno, mio cugino Ron decise che ne aveva abbastanza della vita nel mondo e liquidò la sua impresa. Dal momento in cui aveva incontrato Amma, aveva vissuto una vita di celibato e aveva praticato sempre più sadhana. L'ultima volta che aveva visto Amma stava per firmare un contratto per internazionalizzare la sua compagnia. Quando aveva chiesto ad Amma la sua opinione, lei gli aveva risposto che se era seriamente interessato alla vita spirituale sarebbe stato meglio per lui non essere coinvolto nel business più di quanto già non lo fosse. La sua fede in Amma era tale che non firmò il contratto, rinunciando ad un'opportunità che qualsiasi uomo d'affari avrebbe preso al volo. Infine vendette l'impresa e comprò un bellissimo terreno sulle colline vicino a San Francisco, che divenne l'Ashram americano di Amma, il Mata Amritanandamayi Center.

Fu intorno a questo periodo che una donna del villaggio di Parippally, a circa due ore a sud dell'Ashram, venne a trovare Amma proponendole di acquistare il suo orfanotrofio. A causa di circostanze difficili, non era più in grado di prendersi cura dell'istituzione e per questo motivo i bambini che vi vivevano stavano soffrendo moltissimo. Amma non accettò immediatamente, perché voleva prima indagare per bene la situazione. Si scoprì che l'orfanotrofio era enormemente indebitato e che sarebbero serviti moltissimi soldi per estinguere il debito. Gli edifici erano in uno stato di totale abbandono. Non esistevano né gabinetti né docce per i bambini che vivevano lì, che erano oltre quattrocento. Essi si lavavano vicino al pozzo e l'acqua sporca ritornava nel pozzo, il che faceva poi ammalare i bambini di dissenteria. Usavano come gabinetto qualsiasi spazio all'aperto. La loro dieta consisteva in palline di farina di grano bollite con un po' di sale. La situazione era davvero penosa, e fu per questa ragione che Amma decise di assumersene la responsabilità.

Durante il tour mondiale dell'anno successivo, l'orfanotrofio venne completamente ristrutturato, furono costruiti bagni e docce, e fu assicurata una riserva d'acqua pulita. Si fornì un'alimentazione nutriente ai bambini e venne inculcato in loro il senso della pulizia e della disciplina grazie alla presenza di diversi ashramiti che si trasferirono lì e insegnarono ai bambini nozioni di igiene, posizioni yoga, meditazione e canti devozionali. Parte dell'orfanotrofio consisteva in una scuola secondaria di Sanscrito piuttosto trascurata, che venne anch'essa acquistata e i cui studenti con il passar del tempo cominciarono a vincere premi in molte competizioni a livello statale. In seguito, vennero aggiunte anche attività fuori-curriculum, come sport, musica, arte e recitazione, sotto la supervisione di brahmachari e brahmacharini.

Capitolo 11

La liberazione di un grande devoto

Ottur Unni Nambudiripad era un poeta famoso ed un noto studioso di Sanscrito. Era anche un grande devoto. Era un'autorità in merito allo *Srimad Bhagavatam*. Le poesie di Ottur in lode a Krishna sono apprezzate dai devoti d'ogni luogo. Aveva vinto molti titoli e riconoscimenti per le sue ottime composizioni poetiche. Incontrò Amma per la prima volta nel 1983, in occasione delle celebrazioni per il trentesimo compleanno d'Amma, dopo aver sentito parlare di lei da uno dei devoti. Ottur, che all'epoca aveva ottantacinque anni, divenne come un bambino di due nel suo rapporto con Amma. La considerava un'incarnazione sia della sua divinità prediletta, Krishna, che della Madre Divina. Decise di passare il resto della sua vita con Amma e incominciò a comporre poesie dedicate a lei.

Amma diede ad Ottur il soprannome 'Unni Kanna' (piccolo Krishna) per il comportamento innocente ed infantile che aveva nei suoi confronti. A volte lo si poteva sentire chiamare a voce altissima dalla sua stanza: "Amma! Amma!" ogni qualvolta desiderava vederla. Se Amma era nelle vicinanze andava da lui. Anche se soffriva molto a causa dell'età avanzata, i momenti passati con

177

Amma gli facevano dimenticare i problemi di salute. Dopo aver conosciuto Amma, Ottur compose il seguente canto:

Oh Madre
Tu sei l'incarnazione di
Krishna e di Kali.
Oh Madre
Tu santifichi i mondi
con il Tuo sorriso ed il Tuo canto,
con il Tuo sguardo, il Tuo tocco
e la Tua danza,
con le Tue parole deliziose,
con il tocco dei Tuoi Sacri Piedi,
e con il nettare del Tuo Amore.

Oh Madre
Tu sei l'albero celeste
che con gioia ed abbondanza
concede tutti i desideri
dal dharma alla moksha,
a tutti gli esseri senzienti e non senzienti
dal Signore Brahma fino al filo d'erba.

Oh Madre
Tu meravigli i tre mondi,
inondando tutti gli esseri umani
e le api e gli uccelli,
i vermi e gli alberi con le onde fragorose del Tuo amore.

Ottur aveva un solo desiderio; ogni volta che riceveva il darshan di Amma la sua unica preghiera era: "Amma, quando esalerò l'ultimo respiro, fa che possa posare la testa sul tuo grembo. Questo è il mio unico desiderio, la mia unica preghiera. Oh Amma, ti prego, fa che io muoia in grembo a te." Tutte le volte che vedeva Amma, ripeteva questa richiesta.

Poco dopo aver incontrato Amma, Ottur divenne un residente permanente dell'Ashram. Era solito dire: "Adesso so che Dio non mi ha abbandonato, perché ora vivo alla sua presenza e mi scaldo al calore del Suo amore divino. Mi sentivo triste ed insoddisfatto quando pensavo di non poter avere la compagnia di Krishna, o di qualche altro grande santo... ma adesso non lo sono più, perché credo che Amma sia tutti loro."

Poco prima del terzo tour mondiale di Amma, nel 1989, la salute di Ottur si deteriorò considerevolmente. Divenne molto debole e cominciò a perdere la vista. La famosa preghiera di poter morire tra le braccia di Amma divenne costante. Quando la sua vista peggiorò, Ottur disse ad Amma: "Non mi lamento se Amma vuole togliermi la vista esteriore. Ma, oh Madre Divina dei cieli, ti prego, benedici il tuo servo eliminando l'oscurità interiore ed aprendomi l'occhio dell'intuizione. Ti prego, non rifiutare la preghiera di questo tuo figlio."

Con amore Amma rispose: "Unni Kanna, non ti preoccupare, sarà senz'altro così. Come potrebbe Amma rifiutare le tue preghiere innocenti?"

Ottur non aveva paura di morire. La sua unica paura era di morire quando Amma si fosse trovata all'estero. Espresse il suo timore ad Amma, dicendo: "Amma, so che tu sei dappertutto, e che il tuo grembo è grande quanto l'universo intero. Però, ti prego di essere fisicamente presente quando lascerò il corpo. Se muoio mentre sei lontana, il mio desiderio di morire nel tuo grembo non sarà esaudito."

Amma lo accarezzò con affetto e con grande autorità replicò: "No, figlio mio, Unni Kanna, questo non succederà. Puoi esser sicuro che lascerai il corpo solo dopo che Amma sarà tornata." Questa fu una gran consolazione per Ottur. Poiché era stata lei

Amma con Ottur Unni Nambudiripad

stessa a rassicurarlo, Ottur credeva fermamente che la morte non avrebbe potuto toccarlo prima del ritorno di Amma.

Dopo i tre mesi di tour, Amma rientrò all'Ashram in agosto. Durante la sua assenza, Ottur aveva seguito un ciclo di cure mediche a casa di un dottore ayurvedico. Amma gli disse di tornare all'Ashram, perché si avvicinava il momento di lasciare il corpo.

Una notte, dopo il Devi Bhava, Amma andò nella stanza di Ottur. Lui era molto debole, ma fu davvero felice di vederla. Pianse come un bambino e pregò Amma: "Oh Amma, Madre dell'Universo, ti prego, richiamami a te! Ti prego, richiamami a te, presto!" Amma gli accarezzò la testa, il petto e la fronte per confortarlo.

Qualcuno aveva fatto dono ad Amma di un materasso nuovo, che lei volle dare ad Ottur. Il materasso fu portato nella sua stanza e, mentre veniva sistemato sul lettino, Amma sollevò fra le sue braccia il fragile corpo di Ottur. Facendo l'esperienza della compassione di Amma, Ottur gridò: "Oh Amma, Madre dell'Universo, perché riversi tanto amore e compassione su questo tuo figlio indegno? Oh Amma, Amma, Amma..."

Amma lo posò delicatamente su lettino e disse: "Unni Kanna, figlio mio, dormi bene. Amma verrà domani mattina."

"Oh Amma, fammi dormire per l'eternità, " rispose Ottur.

Prima di uscire dalla stanza Amma guardò ancora una volta Ottur con affetto. Quella notte, il poeta dettò un ultimo canto:

Dopo avermi prestato ogni cura e sperato di guarirmi
i dottori hanno ammesso la sconfitta.
Tutti i miei parenti si sono arresi.
Oh Madre, fammi giacere nel Tuo grembo
con tenero amore
Salvami e non abbandonarmi mai.

Oh Saradamani, oh Sudhamani,
Oh Santa Madre
Posami con affetto sul Tuo tenero grembo
Rivela la luna di Ambadi sul Tuo volto
Non tardare a benedirmi con l'immortalità.

Rivela Zio Luna, il figlio di Nanda,
sul Tuo dolce viso
e fai giacere questo piccolo Kanna nel Tuo grembo.
Oh Amma, fallo addormentare con una ninna nanna.

Alle sette del mattino Amma mandò a chiamare l'assistente di Ottur, Narayanan. Quando questi arrivò, Amma gli disse che Ottur avrebbe lasciato il corpo dopo qualche ora. Amma disse a Narayanan di chiedere ad Ottur se voleva che i suoi resti venissero sepolti all'Ashram o al suo paese d'origine. Narayanan riferì il messaggio ad Ottur. Anche se la sua voce era molto flebile, Ottur rispose chiaramente, gesticolando con la mano: "Sarò sepolto qui, in questa terra sacra. Non esiste altro posto."

Verso le dieci Ottur chiese ad una brahmacharini, che gli era vicino, di andare a chiamare Amma. Lei uscì dalla stanza e, nei minuti seguenti, si potevano vedere le labbra di Ottur muoversi senza sosta, ripetendo continuamente: "Amma, Amma, Amma...". Durante questa ripetizione Ottur entrò in uno stato di quasi-samadhi.

Nel frattempo, Amma era nella sua stanza. Quando la brahmacharini entrò, Amma disse: "Tra qualche minuto mio figlio Ottur lascerà il corpo. Ma non è ancora il momento che Amma vada da lui. Adesso la sua mente è completamente concentrata su Amma. Questo pensiero intenso sta per culminare nello stato di *layana* (assorbimento). Quando questo succederà, Amma andrà da lui; se andasse da lui prima, l'intensità sarebbe minore." Dopo qualche minuto, Amma lasciò la stanza e si recò da Ottur. Entrò nella stanza sorridendo e si sedette sul letto, vicino ad Ottur. Con un sorriso estatico sul viso, teneva gli occhi fissi sul volto di lui, come a dirgli: "Vieni, figlio mio! Mio caro Unni Kanna, vieni a fonderti in me, la tua Madre eterna." Come Amma aveva predetto, Ottur era in uno stato di assorbimento. Anche se era in samadhi, i suoi occhi erano per metà aperti. Non c'era alcun segno di dolore o di resistenza sul suo volto. Si poteva vedere benissimo quanto fosse assorto e colmo di beatitudine. Amma si avvicinò lentamente alla sua testa, la sollevò gentilmente e se la mise in grembo. Tenendogli la testa in grembo, mise la mano destra sul petto di lui, e continuò a guardarlo in viso.

Mentre lui giaceva in grembo ad Amma, lei gli accarezzava gentilmente le palpebre, ed esse si chiusero per sempre. Ottur lasciò il corpo, e la sua anima si unì ad Amma per l'eternità. Amma si chinò e gli diede un bacio pieno d'amore ed affetto sulla fronte.

Venticinque anni prima della nascita di Amma, Ottur aveva scritto la poesia seguente:

Quando sentirò i dolci nomi di Krishna
risuonare nelle mie orecchie?
E sentendoli,
quando sentirò brividi sulla pelle
e mi scioglierò in lacrime?

Sciogliendomi in lacrime,
quando diventerò puro?
E in quello stato di assoluta purezza,
quando canterò i Suoi Nomi
spontaneamente?

E cantando in estasi,
quando dimenticherò la terra e il cielo?
E dimenticando ogni cosa,

quando danzerò in totale devozione?
E danzando, i miei passi
spazzeranno via le macchie dal palcoscenico del mondo?

In quella danza gioiosa,
in cui spazzerò via tutte le macchie,
urlerò forte.
E quando, con quell'urlo,
la mia purezza sarà inviata
nelle otto direzioni?

E, finita la recita,
quando cadrò infine nel grembo di mia Madre?
E giacendo in grembo a mia Madre
quando dormirò beatamente?

Dormendo,
quando sognerò la bellissima forma di Sri Krishna
che dimora nel mio cuore?
E svegliandomi, quando vedrò Sri Krishna
l'Incantatore del mondo?

Ora questa poesia si era avverata, grazie alla compassionevole Madre dell'Universo.

Il giorno seguente, Amma rimase costantemente seduta accanto al suo corpo, mentre veniva recitata continuamente la *Bhagavad Gita*. La sera i brahmachari portarono il corpo sul retro dell'Ashram e lo cremarono, alla presenza di Amma. Che grazia! Che a tutti noi possa toccare una fine così

Capitolo 12

I voti di rinuncia

Nell'ottobre dello stesso anno, in un'atmosfera solenne di gioia e devozione, tra la recitazione di mantra vedici e riti di adorazione, uno dei figli di Amma, che era conosciuto come Balu quando venne da Amma per la prima volta nel 1979 e che poi divenne Brahmachari Amritatma Chaitanya, fu iniziato a *sannyasa*, con tutte le dovute cerimonie. Amma gli assegnò il nome di Swami Amritaswarupananda Puri. Un altro sannyasi, un devoto di Amma di nome Swami Dhruvananda, compì la tradizionale cerimonia del fuoco e gli altri rituali. I riti di iniziazione erano cominciati la notte precedente. Amma fu presente durante tutta la cerimonia, dando la sua benedizione e fornendo consigli ed istruzioni. La cerimonia terminò all'alba del giorno dopo.

Rivolgendosi ai devoti lì riuniti, Amma disse: "Oggi Amma è felice, perché ha potuto dedicare un figlio per il bene del mondo. Sono passati undici anni da quando Balu venne per la prima volta all'Ashram dopo aver superato gli esami di maturità. A quei tempi c'era il Krishna Bhava, cui faceva seguito il Devi Bhava. Una sera, durante il Krishna Bhava, Amma sentì qualcuno cantare e, all'improvviso, la sua mente fu attratta da quella voce. Anche se aveva sentito tante altre persone cantare, sentendo quella voce,

Amma pensò: 'Questo è un *loka putra* (un figlio per il mondo intero), è proprio un loka putra.'

"Anche se Amma dentro di sé sapeva chi stesse cantando, si sentì comunque ispirata a sporgersi per vedere con i suoi occhi la persona che cantava. Quando lui entrò nel tempio per avere il darshan, Amma gli chiese: 'Figlio mio, perché sei venuto? E' per sapere se passerai gli esami? Figlio mio, Amma è pazza.' La prima cosa che lui disse fu: 'Madre, dai anche a me un po' di questa pazzia.' Amma non dà l'iniziazione tanto facilmente, ma la sua mente le sussurrò che bisognava iniziare questo figlio quel giorno stesso.

"Da quel giorno in poi, venne quasi ogni volta che c'era il darshan. La sua famiglia protestava. Poiché sua madre era morta quando lui era molto piccolo, era particolarmente suo padre a protestare. Sua nonna era la persona che gli voleva più bene; ogni mese gli dava cento rupie. Un giorno, quando lui andò a ritirare i soldi, lei gli chiese: 'Stai andando a trovare quella ragazza a Vallickavu?' Lui non riuscì a controllarsi per la rabbia e per il dolore. 'Ha chiamato mia Madre "ragazza"?' Restituì i soldi e uscì immediatamente da casa.

"Quello stesso giorno, quando Amma si recò a casa di alcuni devoti per una puja, lo vide lì seduto che piangeva. Quando Amma gli chiese: 'Figlio, perché piangi?' lui disse: 'La nonna ha chiamato mia Madre "una ragazza". D'ora in poi non ho più bisogno né dei suoi soldi né del suo amore.' Amma gli disse: 'Figlio mio, la nonna non sa niente di Amma, questo è il motivo per cui si è espressa così. Devi perdonarla e continuare a volerle bene.'

"Dopo un po' di tempo, quando nell'Ashram non c'erano soldi a sufficienza, questo figlio incominciò a vendere le sue camicie e i suoi pantaloni. La cosa non piacque alla sua famiglia. Oltre a dover affrontare le difficoltà a casa sua, quando veniva all'Ashram egli doveva anche sopportare l'opposizione e gli insulti

Amma benedice Swami Amritaswarupananda
dopo l'iniziazione a sannyasa

di Sugunanandan Acchan (il padre di Amma) e degli abitanti del villaggio.

"Un giorno, mentre stava mangiando, Sugunanandan gli strappò il piatto dalle mani e lo sgridò. Un'altra volta, la gente del posto lo insultò e lo minacciò, bloccandogli la strada. Anche in quel caso, si mantenne impassibile. Il suo unico pensiero fu: 'Amma, Amma'. Per quanto la sua famiglia lo ostacolasse, lui non smise mai di venire all'Ashram. A volte, dopo aver lasciato l'Ashram diretto verso casa, tornava qui immediatamente con l'autobus successivo, dopo essersi fermato a metà strada, senza essere nemmeno arrivato a casa.

"Nei primi tempi, durante il Devi Bhava tenevamo una ciotola per l'elemosina vicino al tempio. Le scritture dicono: 'Bisogna vivere rinunciando al senso di vergogna e all'orgoglio.' La ciotola poteva essere vista solo se si osservava attentamente. Amma era determinata a non chiedere niente a nessuno. La gente non doveva pensare che Amma desse il darshan per soldi. I soldi che venivano messi nella ciotola erano appena sufficienti per le spese del tempio. Poiché Amma non aveva altri soldi per prendersi cura dei figli che venivano all'Ashram, si recava dai vicini a chiedere l'elemosina. Usava ciò che riceveva per sfamare i suoi figli e se stessa.

"Quando Nealu venne a stabilirsi qui, disse che avrebbe provveduto a tutto ciò che era necessario per l'Ashram, ma Amma non fu d'accordo e continuò a mendicare. Amma non accettò i suoi soldi finché Nealu non promise che avrebbe amato tutti allo stesso modo. Amma accettò quando lui iniziò a considerare l'Ashram e gli altri figli come se fossero parte di lui.

"Questi figli cominciarono a stabilirsi all'Ashram quando non c'erano mezzi sufficienti nemmeno per un pasto al giorno, ma essi superarono tutte le difficoltà. Non avendo un posto in cui dormire, essi dormivano sotto le palme fino al sorgere del sole. Questi figli sono cresciuti in mezzo a tanta sofferenza.

"Amritatma si comportava con Amma come se lei fosse la sua madre biologica. Non ebbe mai la sensazione che questo fosse un Ashram o che Amma fosse il suo Guru. Piuttosto, considerava questa la sua casa. Si prendeva con Amma tutte le libertà che avrebbe avuto con la sua madre biologica. Per quanto severamente Amma lo sgridasse, la sua attitudine non cambiava. Quando il suo comportamento cambiò, allora cominciarono anche le prove. Amma mandava diverse donne a parlare con lui e poi osservava la sua mente. Si sarebbe accorta se lui restava affascinato, o turbato, o commosso. Ma lui tornava da Amma e le raccontava apertamente tutto quello che le persone dicevano, di qualunque cosa si trattasse. Non rimase mai affascinato da nessuno.

"Un giorno scrisse su un foglio: 'Sono lo schiavo di Amma.' Senza sapere niente, Amma andò da lui e gli disse: 'Figlio mio, Amma ha un desiderio. C'è così tanta povertà e sofferenza nell'Ashram, non è vero? Quattro o cinque figli vogliono venire a stabilirsi qui come brahmachari. Sono venuti qua per il bene del mondo, non è così? Per cui c'è bisogno che tu vada a lavorare nel Golfo Persico. Devi fare questo sacrificio per Amma: se trovi un lavoro, guadagnerai per lo meno due o tremila rupie. In questo modo Amma potrà prendersi cura dei brahmachari.' L'umore di Balu cambiò improvvisamente e pensò: 'è questa la ragione per cui sono venuto qua, lasciando il lavoro che avevo? Sono venuto qua per diventare un sannyasi. Non dice Amma che Dio protegge chi si abbandona completamente a lui? Adesso dice che devo andare nel golfo Persico!' In realtà Amma lo stava mettendo alla prova. Amma gli disse: 'Figlio mio, cosa hai scritto solo qualche minuto fa? Se avessi una tale dedizione, non ci penseresti un attimo quando Amma dice una parola. Non hai ancora raggiunto un livello di abbandono così grande. Se avessi un abbandono così completo, saresti stato pronto a partire nel momento stesso in cui Amma te l'ha chiesto. Questo è il vero rapporto fra Guru e discepolo. Quello che hai appena scritto non sono che vane parole, non è vero? Figlio mio, ogni parola deve essere detta o scritta con la massima attenzione.'

"Quando tornò all'Ashram dopo aver sostenuto gli esami di filosofia, questo figlio pensava: 'Dio non è forse dentro di noi? Perché, dunque, dovremmo fare la sadhana?' Seduto per conto suo, si dilettava in pensieri filosofici. Amma comprese i suoi pensieri e gli mandò una lettera che diceva: 'Figlio caro, in fondo alla lettera Amma ha scritto la parola "zucchero". Figlio mio, fa sapere ad Amma se senti un sapore dolce leccando la parola "zucchero" sul foglio.' Lui si chiese: 'Sentire un sapore dolce leccando una parola sul foglio? Perché Amma mi ha mandato una lettera simile?' Poi Amma andò da lui e gli disse: ' Figlio mio, tu dici di essere Brahman, e che Dio è dentro di te. Se dici questa frase davanti ad un registratore acceso, anche il registratore sarà in grado di ripetere 'Io sono Brahman.' Che differenza c'è tra te ed il registratore? Non basta ripetere semplicemente quello che hai imparato. Bisogna fare l'esperienza della dolcezza dello zucchero, non è qualcosa che si può capire a parole. Dio è un'esperienza. Al momento attuale siamo solo un seme, non un albero.'

"Dal primo giorno in cui venne qua fino a ieri sera, ogni giorno è stato un giorno di prove per Amritatma. Con la grazia del Signore ne è uscito vittorioso. E' stato punito anche per delle sciocchezze. Spesso Amma gli ha fatto fare il giro dell'Ashram legandogli un asciugamano sugli occhi per mortificarlo. Per quanto una madre sgridi suo figlio, il bambino continuerà a tenerla stretta a sé. Dove può andare un bambino se lascia la madre? Per un bambino non esiste altro al mondo se non sua madre. Più la madre lo respinge, più il bambino si attacca a lei. Vedendo ciò, la madre prenderà il bambino tra le braccia e gli canterà una ninnananna. Questa è la relazione Guru-discepolo.

"Amma ha sgridato Amritatma severamente e lo ha accusato di errori che non ha commesso. Amma gli ha dato anche degli spintoni senza una ragione, ma lui è rimasto in silenzio senza dire nemmeno una parola, senza muoversi dal posto in cui era. Infine Amma gli chiedeva: 'Figlio, perché te ne stai lì fermo senza dire nemmeno una parola?' Allora lui rispondeva: 'Mia Madre non può essere arrabbiata con me e non può non volermi bene. Tu sei mia ed io sono tuo. Questa è una benedizione, la tua grazia per eliminare il mio ego. Amma, ti prego, benedicimi sempre così.'

"Amma sa che non va bene lodare qualcuno in sua presenza: ciò gonfia l'ego di quella persona. Ma Amma non ha una paura simile nel caso di Amritatma. Se dovesse succedere, Amma è sempre lì vicino pronta a schiacciargli l'ego. Lui lo sa. Quindi, Amma vorrebbe dire qualche altra cosa su di lui.

"Spesso egli ha predetto ad Amma cose che sarebbero successe. Una volta, mentre tornavamo da Madras sul furgone dell'Ashram, Amritatma all'improvviso disse ad Amma: 'Amma, una ruota del furgone si sta per staccare. Dì a Pai di fermarsi.' Amma ripeté la frase ad alta voce. Pai rispose che si sarebbe fermato al primo posto all'ombra. Un secondo dopo, una ruota del furgone si staccò. Il furgone uscì violentemente fuori strada senza che Pai potesse controllarlo, si impantanò nella sabbia e si bloccò contro un paracarro. Se non ci fossero stati la sabbia ed il paracarro, il furgone si sarebbe senz'altro ribaltato nel fosso a lato della strada. Fortunatamente non successe niente di grave.

"Figli miei, come sapete, Amritatma ha composto la melodia di molti bhajan che cantiamo qui, e a volte ha scritto anche il testo. Inoltre, non ha fatto mai nemmeno la cosa più insignificante, come tagliarsi i capelli o comprarsi un paio di scarpe, senza prima chiedere ad Amma. A volte, quando chiedeva il permesso per qualcosa, Amma non rispondeva; se non riceveva una risposta da Amma, Amritatma aspettava finché non otteneva il permesso.

Una volta perse le scarpe e ogni volta che veniva a chiedere il permesso di comprarsene un paio nuovo, Amma rimaneva in silenzio. Passarono sei mesi e lui continuava a camminare scalzo. Poi, un giorno, Amma gli diede il permesso. Il Guru osserva il discepolo mentre lo sgrida o lo accusa di cose che lui può aver compiuto o no. Alla luce di queste esperienze, Amma ha la convinzione che lui ce la farà.

"Adesso che ha ricevuto sannyasa, è diventato figlio del mondo. Da questo momento in poi non è più figlio mio. Oggi il Signore mi ha dato la grande fortuna di poter dedicare un figlio al mondo. In questa occasione Amma vuole anche ricordare il padre e la madre di questo figlio, e rendere loro onore. Figli miei, pregate tutti per questo figlio. Pregate che acquisti forza. Da questo momento in poi non è più Amritatma Chaitanya, ma Amritaswarupananda Puri. Amma (che non è una sannyasini) non è voluta andare contro le ingiunzioni tradizionali delle scritture, e quindi non è stata lei conferirgli lo stato di sannyasa, ma un altro sannyasi dell'ordine "Puri". In molti hanno chiesto ad Amma se non sarebbe stato sufficiente se glielo avesse dato lei stessa. Ma Amma non intende sconvolgere la tradizione dei saggi antichi, non vuole andare contro la tradizione. Amma aveva il desiderio che a conferire l'abito color ocra ad Amritatma fosse un devoto umile, altrimenti l'ego: 'io sono Brahman, io sono Perfetto' si sarebbe potuto sviluppare in lui. Tali pensieri non possono svilupparsi se è un devoto a fornire l'abito, non è vero? Amma voleva che fosse uno Swami dell'Ordine di Ramakrishna a conferirgli lo stato di sannyasa. Amma aveva detto tanto tempo fa che al momento giusto uno Swami di quell'ordine, che è anche un devoto, sarebbe venuto qua. Quando è stato il momento è arrivato Swami Dhruvananda. Il suo Guru era un diretto discepolo di Sri Ramakrishna. E' venuto ed ha compiuto la cerimonia del fuoco.

"Ieri questo figlio ha compiuto tutti i riti funebri per se stesso e per i suoi parenti. Ha preso congedo dalla madre e dal padre. Ha fatto tutti i riti che si compiono quando una persona muore. Ha rinunciato a tutti i legami. Da questo momento in poi è vostro figlio, figlio del mondo. Tutti i doveri che si hanno verso alberi, piante, animali, uccelli e tutte le altre creature sono stati eliminati. Lui ha compiuto la cerimonia del fuoco pregando: 'Rivolgi il mio sguardo all'interno, conducimi verso la chiarezza, lo splendore spirituale, la luminosità, conducimi alla Luce' e ha accettato l'abito color ocra come simbolo del sacrificio di sé, perfino del suo corpo, al fuoco. Gli è stato dato il nome Amritaswarupananda. Quindi, figli miei, oggi è un buon giorno. Pregate tutti: 'Dio, concedi a questo figlio la forza di donare pace e tranquillità a tutte le persone del mondo. Rendilo un benefattore dell'umanità.'

"Persino il respiro di un sannyasi dovrebbe essere per il bene degli altri. Si dice che egli non dovrebbe nemmeno respirare per se stesso. Tutto il suo corpo è stato sacrificato nel Fuoco della Conoscenza; il color ocra è il colore del fuoco. Adesso la sua natura è il Sé. Noi tutti siamo quel Sé Eterno. D'ora in poi deve venerare tutti considerandoli come la Devi o come una forma di Dio. E' negli esseri umani che Dio deve essere servito. Adesso lui non ha più un Dio particolare. Questo figlio adesso deve servire gli uomini vedendo Dio in loro. Il resto della sua vita è dedicato al loro servizio. Questo è ciò che deve fare d'ora in avanti: vivere dedicando la sua vita a coloro che sono in verità la forma stessa di Dio. D'ora in poi questo figlio non ha altro compito od obiettivo al di fuori di questo. Tutto il resto non c'è più. Adesso deve servire tutti, vedendo Dio in loro. Il dovere verso Dio è la compassione verso i poveri e i bisognosi. Non importa quante austerità si compiano, niente è più importante di questo. La perfezione può essere raggiunta solo attraverso il servizio compiuto pensando a Dio. Senza passaporto non si ha il permesso di lasciare il Paese. Il passaporto per la Realizzazione va ottenuto attraverso il servizio. Non si ottiene niente senza passaporto. Amma sta dando sempre più importanza al servizio disinteressato. Figli, tutti voi pensate ad Amma ad ogni respiro. Per questa ragione Amma è convinta che potete servire il vostro prossimo vedendo Dio in lui. Figli miei, pregate ora qualche minuto per questo figlio. Adesso non è più un figlio, ma Swami Amritaswarupananda. Oh Signore, fa che lui non faccia mai del male a nessuno. Fa che non rechi insulto alla grande tradizione dei sannyasi. Possa lui avere l'equilibrio mentale di vedere Dio in tutti, e di servire il mondo disinteressatamente.

Capitolo 13

"Sono sempre con te"

Quando s'incominciò a parlare di un terzo tour mondiale, io ero indeciso: da un lato non volevo lasciare l'India e, dall'altro, non volevo star lontano da Amma per tre mesi consecutivi. Chiesi ad Amma cosa fare. Lei mi disse che, visto che avevo fatto domanda per la cittadinanza indiana, sarebbe stato meglio rimanere in India nel caso il governo indiano avesse fatto degli accertamenti. Quindi decisi di restare e, come Amma aveva previsto, arrivò una lettera dal governo che chiedeva alcune chiarificazioni sulle mie attività precedenti. In quel periodo, mi recai spesso all'orfanotrofio per vedere come procedevano i lavori. Un brahmachari un giorno raccontò ai bambini una storia che parlava di alcuni uomini che si trovavano in prigione; descrisse loro il cibo che era servito in carcere, un semplice impasto di farina poco cotta. Sentendo questo, uno dei bambini si alzò in piedi e disse: "Swami, questa non è soltanto una storia. Prima che Amma si occupasse dell'orfanotrofio, anche noi abbiamo mangiato la stessa cosa per molti anni. Come conseguenza, molti di noi soffrivano regolarmente d'indigestione e mal di stomaco. Adesso, per la prima volta nella nostra vita, mangiamo bene ed abbiamo un posto decente in cui vivere." Io mi commossi moltissimo sentendo le parole di quel bambino: mi sembrò che questa fosse una ragione sufficiente perché Amma si prendesse cura dell'orfanotrofio.

L'anno seguente decisi che avrei preferito andare in tour con Amma, piuttosto che rimanere all'Ashram, ma finanziariamente questo non sembrava possibile. La mia presenza non era più necessaria in tour e non potevo aspettarmi che l'Ashram mi pagasse il biglietto, e mia madre non mi avrebbe probabilmente sovvenzionato, visto che non avrei passato del tempo con lei. Circa due mesi prima del tour del 1990, però, mi venne all'improvviso l'ernia del disco e i dottori mi raccomandarono riposo completo. Quando i devoti dell'Ashram americano vennero a sapere delle mie condizioni, mi suggerirono di sottopormi a trattamento medico in America, e anche Amma pensò che questa fosse la cosa migliore. Mia madre si offrì di pagarmi il biglietto. Quindi, dopo un mese di riposo, fui mandato a San Francisco. Fui esaminato da diversi dottori che dissero che un'operazione avrebbe potuto alleviare il dolore. Io volli aspettare l'arrivo di Amma e quindi l'operazione ebbe luogo solo all'inizio di giugno. L'operazione non mi diede comunque un gran sollievo; ciò nonostante accompagnai Amma per tutto il tour fino a Boston. A quel punto Amma mi chiese di fermarmi all'Ashram americano per tenere lezioni sulle scritture indiane e dare dei satsang sugli insegnamenti di Amma. Amma riteneva che i residenti avessero bisogno di un sostegno spirituale. Quando le chiesi per quanto tempo avrei dovuto fermarmi, Amma rispose: "Il più a lungo possibile."

Amma partì per Londra ed io tornai a San Francisco. Durante il viaggio, tutte le luci dell'aereo incominciarono ad accendersi e a spegnersi e i ventilatori iniziarono ad emettere aria ininterrottamente. Questo durò circa un'ora, sembrava che ci fossero dei guasti all'impianto elettrico. "Beh, Amma" pensai io, "è forse arrivata la fine dello show, lontano da te? E' questa la ragione per cui mi hai lasciato qui?" Poi chiusi gli occhi e iniziai a ripetere il mantra, cercando di abbandonarmi alla Volontà di Dio. Ma quando arrivammo a San Francisco il problema si era risolto.

Rimasi all'Ashram fino al ritorno di Amma nel maggio successivo; davo lezioni, tenevo dei satsang settimanali, lavoravo alla rivista trimestrale, organizzavo il tour dell'anno successivo, incontravo devoti. Ero costantemente occupato, dalla mattina alla sera. Questo fu un bene, così non sentii troppo la mancanza di Amma, poiché ero impegnato a servirla. Con il passare degli anni ho scoperto che, anche se stare alla presenza fisica di Amma serve moltissimo alla concentrazione e alla purezza della mente, anche servirla in altri modi mi dà grande felicità ed energia.

Molti di noi seguono pratiche spirituali, ma non sembrano fare molti progressi, anche dopo lungo tempo; la ragione di questo non ci è chiara, sembriamo così sinceri. Una conversazione fra Amma e un giovane in visita all'Ashram californiano durante il quinto tour mondiale, può fare luce su questo problema.

Il giovane chiese: "Si dice che un aspirante spirituale debba osservare rigorosamente le regole e le ingiunzioni delle scritture. Sono davvero obbligatorie?"

Amma replicò: "Al momento attuale siamo soggetti alle leggi della Natura e dobbiamo quindi osservare le regole, se vogliamo progredire spiritualmente. Questo è inevitabile finché non avremo raggiunto un certo livello nella nostra sadhana. Nel momento in cui la Natura sarà al nostro servizio, le regole non saranno più necessarie, perché non subiremo alcuna perdita di energia spirituale, se anche non le osserveremo. Ma, fino a quel momento, esse sono necessarie.

"Dopo aver piantato un seme nel terreno, lo copriamo con una reticella per proteggerlo dagli uccelli, altrimenti il seme verrà mangiato, i germogli saranno distrutti e non crescerà niente. Una volta che il seme è diventato un grande albero, sarà in grado di dare protezione e riparo agli uccelli, agli esseri umani e perfino agli elefanti. Allo stesso modo, una volta che abbiamo scoperto la forza latente dentro di noi, le regole, che servono a proteggerci, non saranno più necessarie."

"Perché questo succeda, sono necessarie regolarità e costanza nella pratica?" chiese il ragazzo.

"Sì, dovremmo amare la regolarità e la costanza tanto quanto amiamo Dio. Chi ama Dio amerà anche la disciplina, ma tra i due dobbiamo prima amare la disciplina e la regolarità" rispose Amma.

"Coloro che hanno l'abitudine di bere il tè o il caffè ad una certa ora, diventano irrequieti o gli viene il mal di testa se non lo bevono alla solita ora. Chi ha il vizio della droga soffre moltissimo se salta la sua dose abituale. Sono le abitudini che ricordano a queste persone di compiere ogni giorno, alla stessa ora, la stessa azione. Allo stesso modo, se siamo regolari nel compiere un'azione, svilupperemo un'abitudine. Nel caso della sadhana, questo ci sarà di grande aiuto, perché ci ricorderemo di compiere la nostra sadhana all'ora giusta.

Il giovane disse: "Io seguo una sadhana, ma non vedo alcun beneficio."

Guardandolo con un sorriso compassionevole sul viso, Amma gli chiese: "Figlio mio, tu perdi spesso la pazienza, non è vero?".

"Sì, " ribatté lui, "e allora? Che legame c'è tra la mia rabbia e la mia sadhana?"

"Se una persona pratica la sadhana senza abbandonare l'orgoglio e la rabbia, " rispose Amma, "non sarà in grado di trarne alcun beneficio. Figlio mio, da una parte raccogli un po' di zucchero, mentre dall'altra fai entrare le formiche. Quello che guadagni grazie alla sadhana viene sprecato con la rabbia, senza che tu te ne renda conto. Se accendiamo e spegniamo una pila elettrica dieci volte, le pile si consumeranno. Allo stesso modo, quando ci

Il Centro Mata Amritanandamayi a San Ramon, in California

arrabbiamo, tutta la nostra energia si disperde attraverso gli occhi, le orecchie, il naso, la bocca e tutti i pori della pelle. La nostra energia viene dissipata a causa della rabbia e dell'orgoglio. Ma se teniamo la mente sotto controllo, ciò che abbiamo guadagnato resterà con noi."

"Coloro che si arrabbiano possono fare l'esperienza della beatitudine che si prova grazie alla sadhana?" chiese il ragazzo.

Amma replicò: "Bambino mio, immagina che stiamo prelevando acqua da un pozzo, utilizzando un secchio con tanti buchi. Quando il secchio arriverà in superficie, non ci sarà più acqua, perché sarà uscita dai buchi. Figlio mio, la tua sadhana è così. Se si fa la sadhana con una mente piena di desideri e di rabbia, tutto ciò che si guadagna va continuamente perduto. Questa è la ragione per cui non siamo in grado di assaporare i benefici, di fare l'esperienza della beatitudine e nemmeno di comprendere l'importanza della sadhana. Quindi, dovresti cercare, innanzi tutto, di sederti in un luogo tranquillo, da solo, di calmare la mente e poi fare le tue pratiche spirituali. Stai alla larga dalla rabbia e dai desideri; allora potrai senz'altro realizzare la fonte di infinita energia e beatitudine."

Poco dopo essere tornata dall'ottavo tour mondiale, nel 1994, Amma decise di continuare la tradizione di conferire sannyasa ai suoi discepoli. Tra coloro che ricevettero l'abito ocra c'erano: Ramakrishnan (Swami Ramakrishnananda), Rao (Swami Amritatmananda), Srikumar (Swami Purnamritananda), Venu (Swami Pranavamritananda), Satyatma (Swami Amritagitananda), Lila (Swamini Atmaprana) e Gayatri (Swamini Amritaprana). L'atmosfera nell'Ashram era certamente cambiata rispetto ai primi tempi; anche se era sempre una grande famiglia, c'era ora molta più serietà riguardo alla vita spirituale. Gli Swami furono messi a capo dei vari ashram sparsi per l'India e i residenti dell'Ashram erano tenuti a mantenere alti livelli di disciplina spirituale. Si tenevano regolarmente lezioni sulla filosofia del Vedanta e furono in molti a prendere i voti di *brahmacharya* (celibato). Da tre o quattro di noi che vivevamo con Amma, l'Ashram si era espanso fino a comprendere circa quattrocento residenti.

I veri Ashram sorgono così. Non vengono costruiti seguendo un progetto; essi "succedono" spontaneamente attorno alla figura di un Mahatma. Sono i veri luoghi sacri sulla terra. Le vibrazioni del saggio che è il punto centrale dell'Ashram pervadono l'atmosfera del luogo. Aggiungete a ciò le buone vibrazioni di tutti i devoti e discepoli che vi praticano la sadhana ed ecco creato un ambiente altamente favorevole ad una vita spirituale. Anche in assenza di Amma, nel suo Ashram in Kerala si sente un'atmosfera di grande pace. Queste vibrazioni non andranno mai perdute fino a quando in quel luogo ci saranno degli aspiranti che si sforzano di arrivare a Dio. Questo è il modo in cui nascono i luoghi sacri.

Dopo aver dato sannyasa a questi discepoli, Amma mi chiese se avrei accettato anch'io l'abito. Chi ero io per decidere una cosa del genere? Anche se vivevo una vita di rinuncia da ventisei anni, non avevo alcuna intenzione di diventare un sannyasi. Il mio unico desiderio era di realizzare Dio. Però, forse per il bene del mondo e per aumentare il mio distacco, Amma voleva darmi l'abito ocra. Era evidente che Amma voleva che io l'accettassi. Le dissi di sì senza esitare. Lei mi disse che la prossima volta che fossi venuto in India, avrebbe organizzato la cerimonia, perché in quel momento mi trovavo ancora in America.

Amma mi aveva detto di ritornare in India ogni due anni, non soltanto per il piacere di venire all'Ashram, ma perché pensava che fosse necessario per la mia purezza mentale che io "ricaricassi le batterie" ogni tanto. Anche se l'Ashram in America era diventato esso stesso un luogo sacro ed aveva il sapore della cultura spirituale dell'India, sentivo anch'io di dover vivere regolarmente in un'atmosfera indiana. In America, per la mancanza di una tradizione comune è molto difficile mantenere una vita spirituale, perché gli ideali della società occidentale non sono basati sul controllo di sé, sulla retta azione e sulla devozione a Dio, ma piuttosto sulle comodità, sul piacere e sulla supremazia dell'intelletto umano. Se si entra vestiti di bianco in un magazzino di carbone, non si può evitare di sporcarsi, anche se poco. Avendo vissuto nella cultura tradizionale indiana per più di metà della mia vita, la ritenevo favorevole al mio progresso spirituale. Dopo esser rientrato in America più o meno definitivamente, mi resi conto di quanto fosse necessario per me tornare regolarmente in India per un po' di tempo.

La cerimonia di sannyasa fu celebrata alla fine di agosto del 1995. Il primo giorno ci fu la cerimonia della rasa tura dei capelli e del compimento dei propri riti funebri in riva all'oceano. Il giorno dopo, la cerimonia del fuoco incominciò alle tre del mattino; venne condotta da Swami Amritaswarupananda. A causa dei miei continui problemi alla schiena e all'apparato digerente, ero sempre in preda a forti dolori e non ero in grado di restare seduto per così tante ore. Decisi però, come avevo fatto molte altre volte in vita mia: "o la va o la spacca."

Amma venne alla cerimonia del fuoco verso le sei del mattino. Sebbene non facessi alcuna smorfia, capì immediatamente che stavo soffrendo moltissimo. Voltandosi verso di me, disse: "Tra un'ora sarà tutto finito." Siccome eravamo in cinque ad essere iniziati, la cerimonia fu lunga, e non terminò che due o tre ore dopo. Infine, Amma ci diede i nuovi abiti ocra, ci benedisse e ci mandò all'oceano a completare la cerimonia. Dopo essere ritornati all'Ashram, mendicammo il cibo tra i devoti e poi passammo ancora un po' di tempo con Amma. Guardandomi, lei mi sorrise e disse: "Sei morto? Poverino!" "No, Amma, non sono morto, ma una grossa parte del mio brutto karma è stata bruciata dalla dura prova di oggi." Sentendo ciò, Amma rise. Mi sarebbe piaciuto stare

Amma con Swami Amritaswarupananda
dopo l'iniziazione a sannyasa.

lì seduto pieno di beatitudine come gli altri, ma almeno non ero irritato per il fatto di soffrire così tanto. La presi come un'ulteriore opportunità di mettere in pratica il distacco dal corpo. Amma mi diede il nome di Swami Paramatmananda. Le altre persone che ricevettero sannyasa quel giorno furono Unnikrishnan (Swami Turiyamritananda), Damu (Swami Prajnanamritananda), Unnikrishnadas (Swami Jnanamritananda) e Saumya (Swamini Krishnamrita Prana).

Ogni giorno ero solito passeggiare vicino alla stanza di Amma, poiché era il posto più tranquillo dell'Ashram. In ogni altra parte dell'Ashram c'era sempre moltissima gente, ma si cercava di mantenere deserta questa zona, per non disturbare troppo Amma. Mentre camminavo su e giù in uno stato d'animo meditativo, Amma scese dalle scale per recarsi ai bhajan serali e al Devi Bhava. Io mi trovavo a una trentina di metri da lei; di solito quando sta andando da qualche parte, Amma cammina molto velocemente, ma questa volta si fermò e guardò nella mia direzione. Anche se non avevo alcuna intenzione di andarle vicino, sapendo che aveva fretta, sentii un intenso desiderio di correre da lei, e il mio cuore traboccò d'amore per lei. Amma era immobile, ed aspettava. Mi misi praticamente a correre e caddi ai suoi piedi. Lei sorrise e disse: "Figlio mio, perché non canti questa sera durante il Darshan?" "Va bene, Amma" risposi io. Infatti, proprio un attimo prima stavo pensando che non avevo ancora potuto cantare durante il Darshan, perché c'erano tante altre persone che lo volevano fare. Mi sembrava un atteggiamento egoistico togliere agli altri la possibilità di cantare davanti ad Amma. L'onniscienza di Amma ed il suo potere di attrazione su di me fecero ancora una volta una grande impressione sulla mia mente.

Poco tempo dopo, Amma iniziò a chiedermi quando sarei ripartito per l'America. Ma se ero in India solo da poche settimane! Che fretta c'era? Senza mancarle di rispetto glielo feci notare. "Va bene, vai quando vuoi" disse lei. Ma nelle tre settimane successive, continuò a chiedermi quando sarei partito. Non ci misi molto a capire che il mio posto era in America. Sembrava che Amma volesse che mettessi completamente da parte la mia felicità e che mi dedicassi a servirla senza alcuna traccia di egoismo.

Un giorno andai in camera sua per passare un po' di tempo con lei. Lei incominciò a parlare del mio rientro in America e a quel punto dissi: "Amma, ho passato quasi sei anni lontano da te. Perché devo vivere a ventimila chilometri da te, dalla Madre Divina in persona, mentre tu metti in scena la tua rappresentazione divina qui? E adesso me ne devo di nuovo andare, dopo un soggiorno così breve. E' questo il mio futuro?"

Guardandomi attentamente, con l'amore e la grazia che le brillavano negli occhi, Amma disse: "Figlio mio, tu sei venuto da me per realizzare Dio. Non bisogna forse tenere la propria mente focalizzata su Dio, in qualunque parte del mondo ci si trovi? Non pensare mai che la grazia di Amma non sia con te. Tu non sei mai lontano da Amma. Ricordati sempre che dovunque tu vada in quest'universo, adesso o dopo la morte, Amma sarà al tuo fianco per sempre."

Sentendo le parole di Amma, il mio cuore si riempì di emozione al pensiero del suo amore eterno e della sua divinità. Non riuscii a dire altro. Dopo essermi inchinato ai suoi piedi uscii, triste al pensiero dell'imminente separazione fisica, ma pieno della fede che Amma sarà sempre con me e che, quando verrà il momento, mi risveglierà dall'oscuro incubo del ciclo di nascita, morte e rinascita, per condurmi alla luce splendente della conoscenza del Sé.

Glossario

ADVAITA – Filosofia del Non-dualismo che afferma che tutto ciò che esiste è l'Unica Realtà

ARUNACHALA – Montagna sacra nel sud dell'India, considerata una manifestazione concreta del Signore Shiva

ATMAN – il Sé

AVADHUTA – saggio che ha trasceso tutte le regole e le norme della società e della religione grazie alla Realizzazione dell'Unità

AVATAR – Incarnazione di Dio

AYURVEDA – scienza indiana di medicina e di lunga vita

BHAGAVAD GITA – Il Canto del Signore; consiste in una conversazione fra il Signore Krishna e il Suo devoto Arjuna

BHAJAN – canto devozionale

BRAHMAN – la Realtà Assoluta al di là dei nomi e delle forme

BRAHMA SUTRAS – concisa opera filosofica di Vedavyasa sulla Realtà Assoluta

BRAHMACHARI – studente che pratica il celibato

BRAHMACHARINI – studentessa che pratica il celibato

BRAHMIN – una delle quattro caste indù

BRINDAVAN – il villaggio in cui crebbe il Signore Krishna

CHAITANYA – Coscienza

DARSHAN – incontro personale con un Santo

DEVI – Madre Divina

DEVI BHAVA – stato d'animo particolare in cui Amma rivela la sua identificazione con la Madre Divina

DEVI MAHATMYAM – opera poetica che esalta la grandezza della Devi

DHARMA – giustizia, giusto corso d'azione

DHOTI – capo d'abbigliamento che si lega attorno alla vita, come un pareo

DIPAM – festival della luce celebrato ogni anno in dicembre all'Arunachala

GANESHA – la divinità che rimuove gli ostacoli, figlio di Shiva

GOPI – pastorella, devota del Signore Krishna

GRAHASTHASHRAMA – una delle quattro fasi dell'esistenza, in cui si conduce vita di famiglia

GRAHASTHASHRAMI – persona sposata, che vive nel mondo

GURU – guida spirituale

GURUKULA – scuola diretta da un guru

JAPA – ripetizione di un mantra

JIVANMUKTA – Anima Liberata, persona che ha raggiunto la Liberazione durante la vita

JIVATMAN – anima individuale

KABIR – santo del 16° secolo dell'India del nord

KALARI – tempietto

KALI BHAVA – stato d'animo che rivela l'aspetto feroce della Dea Kali

KANYAKUMARI – Capo Comorin, la punta più meridionale dell'India

KARMA – azione

KARMA YOGA – pratica spirituale che consiste nel compiere le azioni come offerta a Dio, senza attaccamento ai frutti

KRISHNA – un'Incarnazione di Dio, vissuto in India 5000 anni fa

KRISHNA BHAVA – stato d'animo in cui Amma si mostra nell'aspetto di Krishna

KUNDALINI SHAKTI – il potere spirituale che giace assopito alla base della colonna vertebrale, e che può essere risvegliato attraverso la pratica spirituale

LAKSHYA BODHA – mente determinata a raggiungere la meta

LAYANA – assorbimento

LILA – gioco, commedia

LINGAM – un simbolo del Signore Shiva

LOKA PUTRA – figlio del mondo

MAHATMA – grande anima

MANTRA – sillabe sacre

MUDRA – posizione delle mani dal significato mistico

MULADHARA CHAKRA –centro di energia spirituale alla base della colonna vertebrale

NAGA – divinità sul piano sottile legata ai serpenti

PARASHAKTI – Energia Suprema

PARVATI – Consorte del Signore Shiva

PATANJALI YOGA SUTRA – opera filosofica sugli otto gradini dello yoga

PRANA SHAKTI – forza vitale

PRASAD – offerta consacrata o benedetta

PUJA – rito devozionale

RASA LILA – danza estatica di Krishna e delle Gopi

SADHANA – pratica spirituale

SAHAJA SAMADHI- stato naturale di assorbimento nel Sé

SAMADHI – assorbimento della mente nella Realtà Suprema

SANNYASA – voto formale di rinuncia

SANNYASI – colui che ha fatto voto di rinuncia

SANSCRITO – lingua dell'India antica

SATGURU – Maestro Realizzato

SATSANG – compagnia di santi o di persone spirituali

SHAKTI – energia

SHIVA – il Signore nel ruolo di Distruttore

SIDDHI – poteri mistici o psichici

SRIMAD BHAGAVATAM – storia della vita del Signore Krishna

SUKA – giovane saggio dell'India antica che ha narrato lo Srimad Bhagavatam

TAPAS – austerità, penitenza

TIRUVANNAMALAI – città santa ai piedi della montagna dell'Arunachala, nel sud dell'India

UPANISHAD – parte conclusiva dei Veda, che tratta della filosofia del Non-dualismo

VASANA – abitudine, tendenza latente della mente

VEDA –testi sacri dell'Induismo

VEDAVYASA – autore dello Srimad *B*hagavatam, del Mahabharata, dei Brahma Sutra e di altri testi antichi

VEDICO – relativo ai Veda

VISHNU – il Signore nel ruolo di Protettore

YOGA VASISHTA – antica opera sulla filosofia vedantica

www.ingramcontent.com/pod-product-compliance
Lightning Source LLC
LaVergne TN
LVHW051732080426
835511LV00018B/3012